ちくま文庫

他人《ひと》のセックスを見ながら考えた

田房永子

筑摩書房

男しか行けない場所、
男たちが行く風俗はどんなところなのか。
そこで何をしているのか。
女たちはあまり知らない。
教えられることなく、
「男がそういう場所に行くのは当たり前」
「それを許すのが賢い女」と思い込まされる。
本当にそうだろうか。
今こそ知って、考えたい。

「第１章 パンチラ喫茶」より

他人《ひと》のセックスを見ながら考えた◉目次

第1章　セックス産業いろいろ……037

第3章　セックスの現場で働く女たち……167

他人《ひと》のセックスを見ながら考えた

文庫版まえがき

10代の頃、男がうらやましかった。男はエロい話を堂々とできるし、性欲があることを「健全な証拠である」と社会から認められていて、微笑ましく受け止めてもらえる。性欲があることを公にするのははしたないとされる女にはない自由さや軽やかさを感じていた。

それとは別に私には小学生の時から「漫画家になりたい」という夢があった。20歳の時に初めて描いた漫画が漫画雑誌に掲載され、デビューできた。だけどプロになった途端、何を描けばいいのか分からなくなってしまった。

そこから4年、常に白い紙にシャーペンで漫画のようなものを描いては、誰にも見せず自分でボツにする、という苦しく孤独な時期を過ごした。「もう漫画は諦めて、どこかに就職しよう」と毎日思っていた24歳の時、新宿のオフィスビルの清掃のアルバイトを始めたのだが、このバイトのあまりの過酷さに「やっぱり漫画の仕事をしよう」と思った。「この仕事に比べたら、どんなにつらくても漫画のほうがいい」「エロ本でもなんでもいいから漫画の仕事をしよう」と一念発起した。それまで、エロ本で漫画を描く仕事に憧れていたけど、プライドが邪魔して自分からやらせてくださいと売り込みに行く気にならなかったのである。

次の日すぐネットで見つけた「エロ本のイラストレーター募集」に問い合わせ、自分のイラストのファイルを持って面接に行った。初めて会ったエロ本の編集長はとてもうさんくさくて、まさにエロ本の編集長って感じのおじさんだった。そのおじさんは「君の絵いいね」と言って、官能小説の挿絵イラストの仕事をくれた。「このあと、エロ本の編集者とかライターが集まる飲み会があるから行こう」と言われて付いていくことにした。みんな大まじめな顔で「クンニが」「フェラチオが」と話す地味なおじさんたちで、私にも「GWにはどこに出かけましたか?」と同じトーンで「田房さんが一番すごいところでエッチしたのはどこですか?」と聞いてきた。

私が真顔で「ビルとビルの隙間です」と答えると、おじさんたちは目をまん丸くして「それはすごいですねえ」と感心してくれた。うさんくさい編集長も、別にたいしたことないって感じで無反応で飲んでいる。まるで盆栽とか将棋とかそういう共通の渋い趣味の話をしているかのような雰囲気でエロ話が繰り広げられ、そこに女である私が入っても妙な雰囲気にはならず、ただただ、最近聞いたびっくりするエロ話とかを話している。私は、生まれて初めて大好きなエロ話を男の人たちと普通にできた喜びに打ち震えた。飲み会の合間、トイレに入って自分の顔を見たらその目がらんらんとしていて、「私の居場所はここだったんだ！」と確信した。

それからはエロ本の仕事に邁進する。エロ本や実話誌に片っ端から売り込みに行くうち、乱交パーティーやＳＭバーなどに潜入してレポート漫画を描く仕事を頼まれるようになり、連載も増えた。

漫画の仕事をさせてもらえた感謝の気持ちは当然ある。だけど、エロ本の世界というのは「女体」にものすごい執念的な興味を持つが、本来の女性たちの人間性や人権みたいなところはないことにする前提でできあがっている。「吹石○恵似の清楚なＯＬ」とか「スレンダー体型の普段はおとなしい主婦」とか、女に関するスペックはその先のエロスを盛り上げるためだけに存在する。ただただ男性読者の「そうだったらいいな」の世界だということは知っていたけど、そのために自分の属する性がねじ曲げられている感覚は、年々耐えがたいものになっていった。

エロ本の世界で日々感じる、そんな鬱屈をSNSの日記にしたためるのが日課になった。

本書の単行本版『男しか行けない場所に女が行ってきました』(2015年、イースト・プレス刊)は25~26歳の頃に書いたその日記を35歳の時にまとめて出版したものである。25歳の時に書いたものを35歳でまとめるというのはものすごく大変で、自分の本の中で一番苦労した。

その本を今回、40歳で文庫版にすることになった。かなりザックリ削ったところもあるし、多く書き足した部分もある。それは個人的な価値観の変化というよりも、この2015年から現在までの4年間で、日本の社会全体が男性中心社会での女性の扱われ方に疑問を持ち始めたことが大きく影響している。イラストも足してあるのでお楽しみいただけたらと思う。

はじめに

■「女であるお前には決定権がない」

22歳の時、一緒に暮らしていた同い年の彼氏、太郎のスーツのポケットから「ポイントカード」とだけ印刷された簡素な紙のカードが出てきた。裏面のマス目には、「小雪9／25」とボールペンで書き込まれている。店の名前もない、ただ女の名前が記されたポイントカードなんて、どう考えても風俗店だろうと思った。

お金を払って〝小雪〟と一体どんなことを……？　一緒にシャワーを浴びる？　体を洗ってもらう？　恋人のようにイチャイチャする？　よく分からないけど、とにかくパニックに近い怒りと嫌悪感で全身が包まれた。

本人に問いただすと、太郎は涙声で訴えてきた。

「聞いてくれ……前田にどうしても風俗を体験して欲しいからと誘われて行ったんだ。〝小雪〟ってどんな人だろうと、正直ワクワクした……だけどババアだったんだ。ぜんぜんキレイじゃない、29歳のババアだったんだ……」

むしろ被害者だと言わんばかりに、この気持ちを君に聞いて欲しかったと泣きついてきた。

「前田（仮名）」は太郎の大学時代の同級生で、「男たるもの、いい車乗って、いい仕事して、いい女抱いて、いい酒飲まないとな！」と真顔で、しかしどこか陶酔したような面持《おもも》ちで言う男だ。「親父もそう言ってる」が前田の口癖だった。

前田は20歳の時に道ばたで女の人に声をかけられ、そのまま連れて行かれたギャラリーで80万円のクリスチャン・ラッセンのイルカが飛び跳ねている絵の巨大パネルを購入したことがある。その時も「いい絵画が俺を成長させる」と言っていた。

前田は社会人になってから風俗にハマり、太郎のことを誘っていた。前田は彼女がいたことは一度もないが、「いい女を抱かないといい仕事はできない」と太郎を説得し続けた。

そんな前田のことを、「昭和感がすごい」とふたりで一緒に笑っていたのに。

普段から私は、「行っておいでよ。その代わり、どんな所だったか聞かせてね」と言っていた。太郎が風俗に行くところを想像しても、特に怒りは湧かなかった。たぶん、行かないと思っていたからだと思う。それに加えて「風俗なんて男にとっては遊び」という言い草を理解できる自分、を誇らしく思いたい、そんな気持ちが強かった。女の友人たちは「彼氏が風俗なんか行ったら許さない。汚い。絶対別れる」と言っていた。私はそんな潔癖な女じゃない、自分でそう思いたかったのかもしれない。

実際、太郎が風俗に行ったと分かったら、息もできないほどの憤りが体内から噴きだした。怒り狂う私に対して、「行ってもいいって言ったくせに……」と太郎が言う。自分でもどうしてこんなに怒っているのかよく分からない。

私、彼氏が風俗に行ったくらいで怒るような女じゃないのに。

太郎が小雪に施されたサービスを事細かに聞いたが、それは案外どうでもよかった。

「私という女がいながら」とか「小雪ってどんな女よ」とか、そういう怒りはほとんど感じなくて、言葉にならない憤怒が体の底から湧き出してくる感じだった。

35歳になった今思うと、「女であるお前には決定権がない」ということを示されたことへの怒りだったのではないかと思う。「いい女を抱かないといい仕事はできない」という、「仕事そのものが男だけのもの」という考えが前提にある物言いに対しての違和感は、当時の私は自覚していなかった。ただ、そんなことを素で言う前田は面白いと思っていた。前田みたいな考えを持つ男は少数派であり、嘲笑される対象であれば、問題はなかった。

そして当時の私は、「男はパートナーだけでは満足できない、浮気な生き物。風俗なんて男にとっては浮気のうちに入らない」というフレーズもよく耳にする環境にいた。男も言うし、女も言う。その「男の前提」を理解した上で行動するのが「賢い女」だということになっていたし、私もそう信じていた。だけど、風俗にハマっている友人を笑い、「行ってもいいよ」と言っても行かない太郎によって、その「賢さ」は保たれているだけなんだということを、当時の私は感じたんじゃないだろうか。

「男は浮気する生き物」「風俗なんて大したことじゃない」と男から一方的に言われ、

それを信じ、しかしそこに行くか行かないかを決めるのは男であり、行ったことに対して怒りをぶつけると、「賢い女はそんなことで怒らない」「男にいい仕事してもらいたかったら、そのくらい目をつぶって当然」「風俗に行かれてしまうあなたにも問題がある（満足させてなかったんじゃないの？）」などと返されてしまう。男が設定する基準がすべてであり、賢さを判定される、そんな理不尽にまみれた「女」という立場。前田を一緒に笑っていた太郎自身から、その「絶対に〝勝ち目〟のない、決定権のない立場」にいきなり引きずり下ろされたこと、そのことへの怒りだったんだと思う。

そしてこの時の私は、太郎から「小雪はババアだった。君のほうが全然いい。とにかくババアでいやだった」と繰り返し言われ、その言葉に癒されていく自分の心を感じた。風俗を作るのも男、小雪を雇うのも男、利用するのも男、その言い訳を唱えるのも男、若い女のほうが価値が高いと決めるのも男。22歳の私は、男たちの作り上げた価値観の上で翻弄され、安堵し、自分の価値を図って、暮らしていた。

太郎が風俗に行くまで
私が持っていた社会のイメージ
一般的な男女
ウケる
何言ってんだ
前田ウケる
男尊女卑な男
いい仕事するには
いい女抱いて
いい酒飲まないとな
男の中でも特殊な存在
その後のイメージ
男たち
はっきりとは言わないけど しっかり恩恵は受けてるやつ
神の言葉そのまんま発言するやつ
男は浮気します
風俗必要
性犯罪のことはよく知らんからこっちに言わないで
とにかくケアして讃えろ
ババアは価値なし
給料は女より倍以上もらって当然
セクシーでいろ。だが俺の女は賢く清楚でいろ
メシつくれないい女は女じゃない
家事育児やらんのでよろしく
出しゃばるな。政治とかには出てくるな
男を守り司る神みたいな存在
なぜか さからえない
女たち

■エロ本のレポート漫画家になった

24歳の頃から、男性向けのエロ本で、風俗店などを取材してレポート漫画を描く仕事をするようになった。太郎に風俗に行かれた経験が影響しているわけではない。高校生の時に内田春菊の単行本『ナカユビ』に収録されている「風俗ルポ」の乱交パーティーについての漫画を読んでから、風俗レポート漫画を描く仕事に憧れがあった。

エロ本の仕事をはじめてから、風俗などの「男しか行けない場所」「男のための場所」に取材へ行くようになった。

新宿、渋谷、池袋、五反田、新橋、西日暮里。毎月のようにボコボコとできる新種の風俗。男たちの飽くなきニーズに男たちが丁寧に応えることで、馬鹿馬鹿しいほどに多様な風俗がつくり出される。レポート漫画家としては、「すごいですね、素晴らしいアイディアですね」と取材先の人たちに感服したけれど、ひとりの女としては、「なんて無駄なものが街じゅうにたくさんあるんだろう」と思っていた。

そこで何を見てどう思ったとしても、エロ本の読者に向けて書くことは決まっている。「男しか見ない」「男のための」エロ本。本当に思ったことは書けない。「エロ本の中の女」はとにかく「かわいくて若くて恥じらいがあって、だけどちょっぴりエッチなことに興味がある」という性質でなければいけなかった。

実際は、薄汚れたスニーカーを履き潰したメガネの女（私）が、風俗店の中をズルズルと徘徊し、店長にシステム説明を受け、申し訳程度に風俗嬢マリンちゃんにインタビューをする。

「お客さんのおちんちんをいじってて濡れちゃったことありますか？」そう尋ねる私に一瞥もくれずケータイをいじりながら「ない」と答えるマリンちゃん。

「エハハ……そうですか……」と卑屈に笑い、『なし』とメモ帳にメモる。

「お客さんに責められて本当にイッちゃったことはありますか？」「ない」『なし』。「性感帯はどこですか？」「……乳首とか書くとそこばっかり責められてイヤだから、肩って書いてください」とこちらを見ずに言うマリンちゃん。『肩』。

しかし記事には「エッチなお店で働く21歳ピチピチのマリンち

ゃん。なんと肩が性感帯というドスケベ敏感BODYの持ち主！　毎日お客さんにイカされちゃってるんだって☆」と書かなければいけない。「非常に重苦しい空気だった」という事実は読者にはまったく必要がない。

熱心に私の質問に答えてくれる風俗嬢もいる。

「借金があって、仕方ないからやってる。早く辞めたいです。昨日22万が入った財布を盗まれて、すごく悲しい……」

という話を聞いたとしても、記事には必要ない。彼女の目に浮かんでいた涙のことなんて、エロ本に書いてはいけない。

「男の人がコウフンしてる姿を見るのが大好きなんです。なんだかカワイくって。『ああん』って女の子みたいな声出して感じてると、うれしくて私もジュンッてなっちゃう♪と、シルクのような肌がまぶしい風俗嬢しずくチャンは語る！」

とか書かなければならない。

なんのための取材なのか、サッパリ分からなかった。

女として、男の風俗や欲望を見て、それなりに驚いたり、発見があったとしても、本当に思ったことはレポートできない。「こんなことを思ったから、そのまま書きたい」

と編集者に言っても「そういうのはいらないです（笑）」と言われてしまう。取材し、記事を書くたびに、男に対しての冷めた感情がジワジワと体を侵食していき、腹の底から巨大なため息が昇り上がってくる。男たちの〝ファンタジー〟の中の女たちは、あまりにも人格がなくて個性がなくて、「女ってこんなんじゃない！」としか思えなくて、いつも女としての自分が引き裂かれるような感じがしていた。

私からのそういった憤りのようなものを感じ取る男性編集者もいた。彼らはむしろ「本当の女がこんなんじゃないことなんて、知ってる」といった風で、私の憤りを敢えて無視しているという感じだった。男性向けエロ本の中には、「女」についての情報しか書いてないけれど、私にとっては「女」から一番遠い世界だった。

■ヤリたくてしかたない

エロ本の読者の最大の関心事であり、すべてのエロ本のテーマと言ってもいいほど毎度のように書かれている情報がある。

「ヤリたがってる女を見抜け！」「ヤリたい時の女のサインを見逃すな！」

というもの。編集者にも、しょっちゅう聞かれる。
「女の人って、どういう時にヤリたくなるの⁉」
私は心の中で叫ぶ。
「今だよ！」

エロ本の仕事をはじめて1年後、25歳から26歳までの時、ヤリたすぎて頭がおかしくなりそうな日々を過ごしていた。実際おかしくなっていたと思う。筒状のものに棒状のものが出たり入ったりする光景を見るだけで、脳がショートしそうになった。男性の指をじっと見てしまったり、普通に生活していても頭の中にはピストン運動している男性器と女性器のイメージが浮かんでしまう。

きっかけは「7段階式ローター」だった。

鶯谷《うぐいすだに》のＳＭ性感（ファッションヘルス）へ取材に行った帰り。挨拶に立ち寄ったアダルトグッズの店で、当時最新モデルの「7段階式ローター」を見て、驚いて目玉が溶けて落ちそうになった。ブブブブブという震動が、強弱だけではなく、ブーンブーンとか

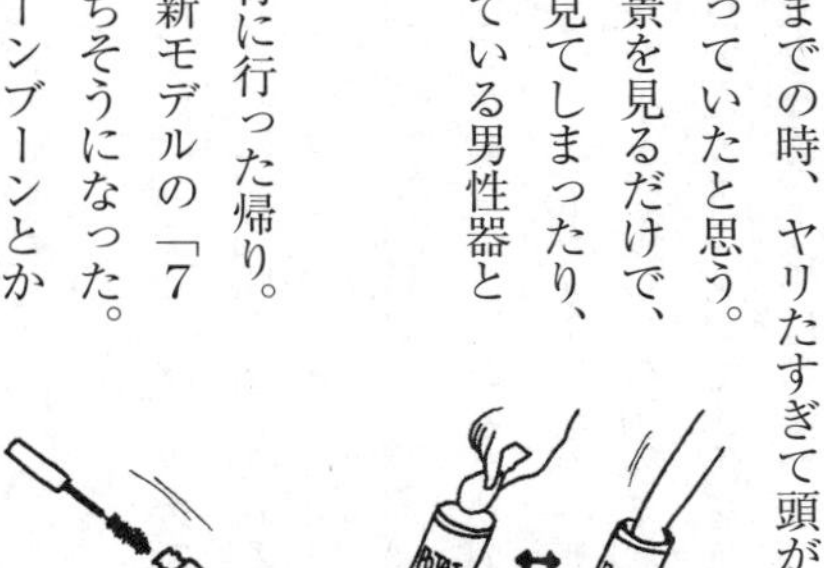

【筒状のものに棒状のもの】

ブブーンブンブンとか、7種類ものパターンで楽しめるという。

太郎と付き合って6年が経っていた。そのあいだ、私は「まともなセックス」をしていなかった。「まともなセックス」というのは、「心身共に充足感を感じられる至って普通のセックス」のことである。

太郎は女の体をガスコンロか何かだと思っている節があった。乳首とクリトリスをチョンチョンとはじいてギュッと儀式的にひねれば、ボッと膣に火がつき、「挿入OK状態」になるとでも思っているかのようだった。しかも「1往復したら10秒ほど休む」を2セット繰り返しただけで一方的に果てた。火の点いたガスコンロでお湯を沸かすのでももっと時間がかかる。本人は悪ぶっているそぶりもなく、女性はスイッチひとつで思い通りにできる家電だと信じ込んでいる人間にしかできない「ガスコンロSEX」を楽しそうにし続けた。私は以前、「まともなセックス」を体験していたので、つまりセックスを6年間していないに等しかった。改善して欲しいと何度訴えても、「俺はこのままでいい」とか「随分、性欲強いよね」とか、まるで私が特殊な性癖であるかのような反応をされ、聞き入れられなかった。セックスする相手がいないというよりも、「まともなセックス」ができる相手がいないという状態だった。

太郎とは結婚を約束しているし、「そんなことはどうでもいいことだ」と思って蓋《ふた》をしていた。しかし、「7段階式ローター」を見た瞬間、その蓋が勢いよく外れてしまった。私がまともなセックスをしていない間に、ジョークグッズ（ローター）のほうが進化していた……。その衝撃が大きすぎて、もう自分に嘘がつけなくなった。

性的なことしか考えられず、それによって奇天烈《きてれつ》な行動をしたり、生活に支障をきたすほどになってしまう存在の例えとして、「男子中学生」がよく挙げられる。男子中学生は「そういう生き物だ」ということになっており、そうなってしまうことを世間に認知されている。むしろ人間の成長として健全で喜ばしい、という認識すらある。

だけど女がそういう状態になったら、「性欲旺盛」という扱いをされてしまう。もし私が25歳の男で、6年間もの間、「射精な

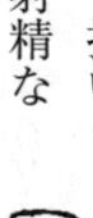

しのセックス（相手が満足するだけ、チンコもちょろっと触られるだけ）しかしていない」と言ったら、同情されると思う。だが25歳の女だと、そういうことに理解がある人以外の大多数から「性欲が強い女」「特殊な女」と認知されてしまう。私は自分の性欲の強さに困っていたわけじゃなかった。「やりたい」という気持ちを表に出せない、隠さなきゃいけない、男みたいにお金を払えば安全に解消できる場所がない、その「不自由さ」に困っていただけだ。私の性欲の強さは至って正常だと思う。だけど、世の中では、彼氏がいるのに他の男とまともなセックスをしたがってる女は「性欲が強い」とされてしまう。

■男たちはこんな所でイッている

取材で風俗店にはじめて行った時、清潔感あふれる店内に驚愕した。不潔で猥雑《わいざつ》で、男性であっても近寄りがたい場所なんだろうと想像していたから。男だけの特権、楽しい思いをする場所が、キレイだなんてズルい。そう思った。汚くて暗くて恐ろしい場所であってほしい。そこで自分の抑えきれない性欲に背徳を感じながら、射精してほしい。

だけど実際はパチンコ店に近い雰囲気で、待合室の大きなテレビからは元気よくワイドショーが流れ、いくつもの雑誌が自由に読めるようになっており、客の緊張を緩和するようになっていた。私が行った先がそういうところばかりだったのかもしれないが、「想像どおり」の店はひとつもなかった。

男にはこれだけの設備が整っている。男なら誰でも風俗に行って解消しているとは思わない。だが「風俗がある」ということが、男たちの心にゆとりをもたらしていることは間違いない。

一方、女にはそういうクッションになるものがない。女性向けのセックスサービスもあるにはあるが、情報が少なく、どんなものか不明なのに気軽に利用できるわけがない。前田のようによく分からないフレーズを親から受け継いで、堂々と友だちを誘う、というのも男ならではであり、女には自分の性欲を正当化する理屈すら用意されていない。当時は「出会い系」という見知らぬ男女が出会えるツールが流行しはじめていた。だけど「出会い系」で出会った人同士の間で起きた犯罪のニュースが毎日流れていたし、簡単に出会えるみたいだけど、恐ろしすぎて私は利用する気にならなかった。

友人、知人の男性で、セックスをしてもその後の関係に影響がでない人物を、しらみつぶしに脳内に浮かべた。どれも「やったら（誘ったら）お終い」か「やりたくない」

のどちらかにしか当てはまらない。それにセックスまで行き着いても、相手がガスコンロSEXする男だったら意味がない。そして「やりたくない」相手にかぎって、私がセックスしたくて困ってるということを知ったら、「俺がやってあげる」というテンションになることが目に見える。

絶対、誰にもバレたくない。細心の注意をはらって過ごしていた。

だから「ヤリたい時っていつなの？」と聞かれても平静を装い、「『生理前』になると女はヤリたくなるってよく言われてますけど、本当は『セックスした直後とその翌日』だと思ってます」と真顔で答えるよう努めた。

「どういうこと？」

「女は1回のセックスで、やっと火が着くんですよ。つまり男が一番ヤル気のない『直後』が、女の一番ヤリたい時なんですよ」

しかしそんな「久しぶりのセックスは女にとって単なる前戯」という話は、男にとってはあまり面白くないよ

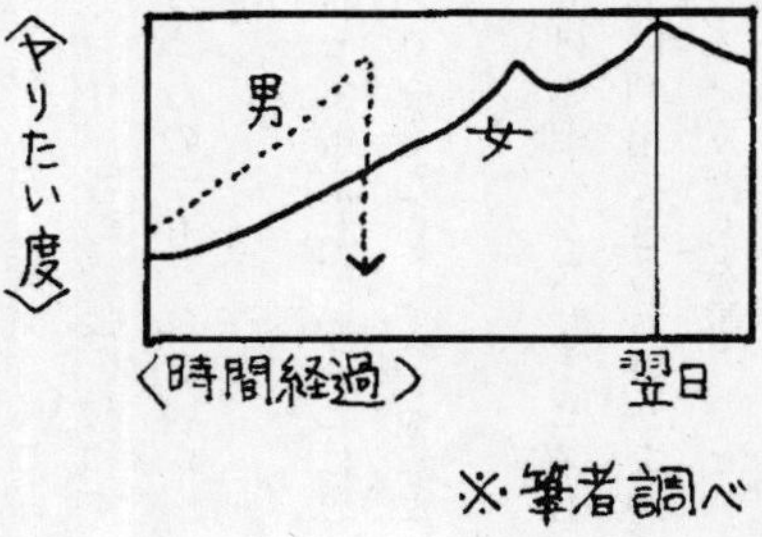

うで、聞き流されるのだった。

こんなにたくさん「ヤリたがってる女を見抜く情報」があふれ、それを知りたがる男がいて、そしてそれを作る男たちに指示されて、そういう記事を書いている25歳の私が、ヤリたくてヤリたくて半年以上も困っている、という状況。男たちは別に「本当のこと」なんて知りたくないんだな、と思った。

■風俗があることによって性犯罪が抑止されている？

男たちは「風俗やAVがあることによって性犯罪が抑止されている。だから必要なんだ」と自信満々に言う。その割には、痴漢に遭った話をすると驚いて「本当に痴漢なんているの？　都市伝説だと思ってた」とか無邪気に言う。

「痴漢行為などで女に迷惑をかけないために、風俗やAVがある」と言う人たちが、「痴漢がいる」ことを信じてない、知らない。それっておかしくないだろうか。「どうして男って痴漢とかするの」と聞くと、「俺に言われても困る。男だからって、全員がそんな人間じゃない」と怒り出し、「痴漢は異常者であり自分は正常である」と絶対的な線引きをする。

だけど浮気の話題になると「男は浮気をする生き物。子孫を残したい、たくさんの種をまき散らしたいという本能がある」と言い、「男」をひとくくりにして語る。都合がよすぎやしないか。

まったく筋が通ってないし、その矛盾による負担はすべて女たちでなんとかするのが前提になっている。男の主張を成立させるには、この世から性犯罪、性暴力が一切なくなり、セックスしたくて困る女がいなくなり、すべての女が常に性的に満足していないと、おかしい。

「男には種をまき散らしたい本能があり、性欲をコントロールするのが難しい生き物だからこそ、風俗が必要」だと言うのならば、「我慢できなくて女に迷惑をかける男（痴漢）」を野放しにしないよう、男たちでしっかり考えて管理してくれてもいいと思う。

男たち自身も、あまり深く考えずに「先輩たち」から言われたことをそのまま思い込んでいるように思える。そして女たちも、風俗店やＡＶやエロ本がどういうものなのか、教えられることなく知る機会もなく、ただ「そういうものなんだ」と思うしかない。

本書では私が、見たけれどエロ本には書けなかった風俗店やＡＶやエロ本、その他男のための場所やメディアについてを書き記していく。男たちの欲望を、女として、そして男性自身がどのように捉えるのか、みなさんと考えることができたらうれしい。

田房永子

【ざっくりとしたエロ本のシステム】

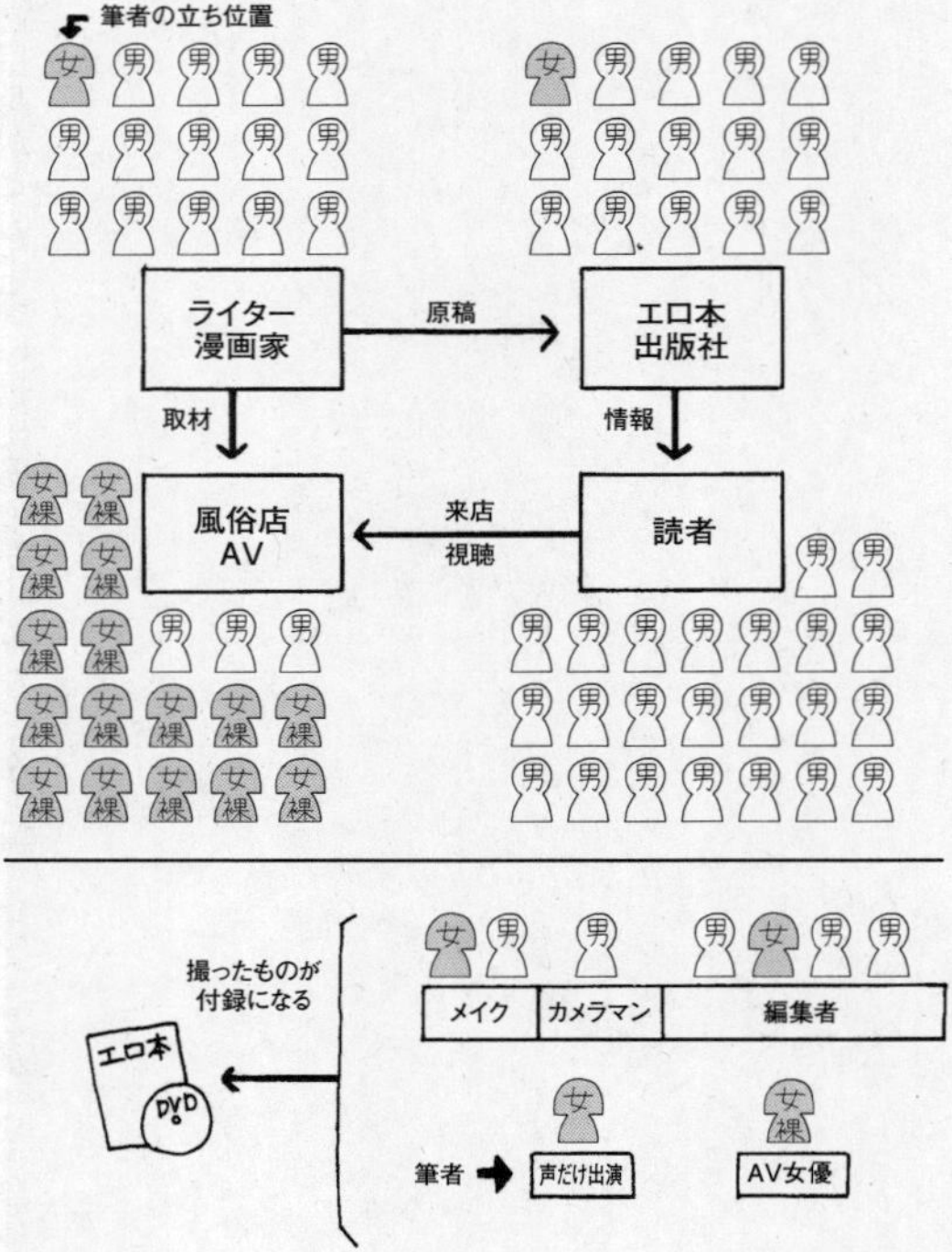

【風俗の種類】

■射精サービスと女性従業員への接触サービスがあるもの
（基本は１対１だが、女性２名との３Ｐコースなどもある）

ソープランド

お風呂に一緒に入り、洗ってもらい、コンドームを着けた上での本番（挿入）サービスがある。どの風俗よりも価格が高い。

ファッションヘルス（ヘルス）

本番はできないが、射精サービスがある。シャワーがある。

ピンサロ（ピンクサロン）

価格が一番安い風俗。ソファしかなく、シャワーもないため、おしぼりで男性器を拭く。主にフェラチオサービスを受ける店舗。

デリヘル（デリバリーヘルス）

本番以外は全部できる。家やホテルに来てもらえる。ファッションヘルスのデリバリー版。

■射精サービスなし、接触サービスありのもの

セクシーキャバクラ、おっぱいパブ

女性従業員が生のおっぱいを露出。
揉んだり舐めたりが可能。

■射精サービスなし、接触サービスなしのもの

キャバクラ、ガールズバー

隣に座ったり、カウンター越しに一緒にお酒を飲み、おしゃべりをする。
女性従業員にお酒をおごったりする。

第１章　セックス産業いろいろ

人妻アロマオイルマッサージ

風俗だからって超絶テクニックを受けられるわけではない

２００５年、エロ業界は空前の〝人妻ブーム〟だった。「人妻と温泉デートグラビア！」「新婚美人妻のはじめての不倫！」「官能若妻劇場」「素人妻ナンパ外伝！」「Ｈ大好き人妻３人組との極限４Ｐ！」など、ＡＶでも風俗でもエロ本でも、やたらと「人妻」の文字が踊り狂っていた。

「田房さん、『一盗二《いっとうに》卑三妾四《ひさんしょうし》妓《ぎ》五《ご》妻《さい》』っていう昔の言葉、知ってますか。男が興奮する相手の順位です。１位が他人の女を『盗』む状況のことです。つまり人妻というのは、大人の男にとって最高のブランドなんですよ」

エロ本の男性編集者がレクチャーしてくれた。２位の「卑」は家政婦や使用人、「妾」は愛人、「妓」は娼婦、「妻」は自分の妻のことだという。

確かに「男は自分の女になったと思ったとたん興味がなくなる生き物」とかよく言うし、「奥さんとはもうできないよなあ〜」みたいな言い草は、昔からよく聞く。しかし、こんな言葉があるなんて知らなかった。しっかり覚えてつっかえることなく口から発する編集者のことを軽蔑しかけたが、こういった情報はとても重要なものだった。読者が何を求めているのか分かれば、何を描けばいいのか見える。「男はとにかく、人妻が大好き」。自分の頭に叩き込んだ。

「人妻アロマオイルマッサージ」という風俗店を見せてもらうことになり、池袋へ向かった。私の仕事は、この店の様子を漫画に描くこと。その漫画が宣伝にもなるので、風俗店の人たちは気を使ってくれることが多い。

まずは店長と従業員である人妻さんと駅前の喫茶店で待ち合わせ。ケーキを食べながらお店のシステムを聞いた。

1・客がお店に電話し、予約
2・人妻さんとホテルの近くで待ち合わせ
3・ホテルに行き、人妻さんと一緒にシャワーを浴びる

4・2時間のうち、1時間は全身オイルマッサージ
5・そのあと、ちょっと手でしごいてもらって射精する
価格：2時間1万8千円

元プロ野球選手の金村義明に似ている店長が、店のシステムや客層などの話をしてくれた。だが、話はちょこちょこ横に逸れ、結局半分くらいは店長の武勇伝を聞いていた。店長は35歳で独身、関西弁でよく喋るタイプ。人妻さんは、身長が150センチに満たないくらいの小柄で優しそうな感じの32歳の女性だった。

話だけでなく、実際の様子も見せてくれるというので、店長、人妻さん、私の3人で池袋のレンタルルームに入った。レンタルルームというのは、雑居ビルのワンフロアをいくつかの個室に区切った、ラブホテルの安いバージョンみたいなところである。一応、表向きは「性交するための場所ではない」ということになっているが、性交が前提の場所である。ベッドとソファだけが置いてある殺風景な4畳半ほどの個室で、プレイ見学がはじまった。

店長自身が服を脱ぎ、マッサージを受けている様子を再現してくれることになった。店長は男性用のTバックパンツ（黒）を着用していた。

【予約の流れ】

「これは加藤鷹とかAV男優御用達メーカーのパンツなんですけどね」とか「30枚は持ってますけどね」とか、得意げに言ってくる店長。そのご自慢のパンツを脱ごうとしたので、「あ、別に脱がなくてもいいですよ」と言うと、「平気ですよ全然。チンポ見られるの慣れてるんで」と言い、脱ぎ始めた。私のほうは見慣れてないのだが。

男性のアソコは、積極的に見たいものではないな、と、店長が脱ぐのを見ながら思った。ポロンと出たチンポコをチラ見すると、色は黒めだが、そんなに大きくはなかった。

例えば、酒に酔ってふざけてパンツを脱がされた男の子が、「うわー」とか言ってチンポコを手で隠していたら、「なんか、見たい！」と思ってその手で隠された股間を目で追うと思う。だが「見て見て☆」という感じでポロリンと出されたチンポコからは、目を逸らしたくなる。

全裸でうつぶせになった店長を指さし、人妻さんが言う。

「店長はお尻がすごくキレイなの！　触ってみて！」

なんで初対面の金村似の男の尻を素手で触らなければならないのか分からないし触りたくなかったけど、仕方ないので人差し指と中指の先で触れてみると、ホントにスルスルとしていた。

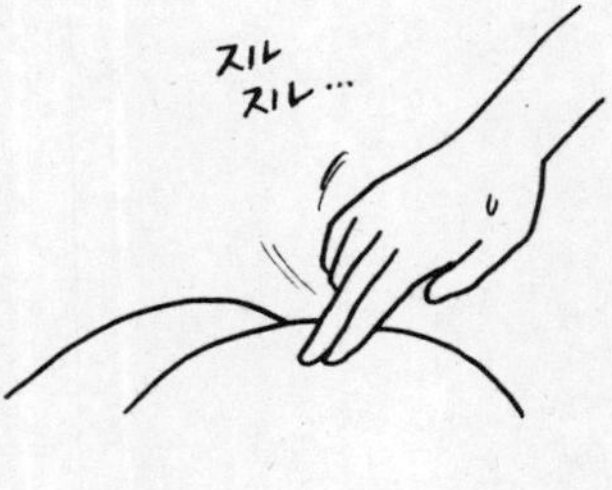

そしてやっとマッサージがはじまったのだが、そこは簡単に省略し、メインのチンポコ手揉みタイムになった。店長を仰向けに寝かせ、人妻さんは棒と球、いわゆる男の野球グッズ全体をゆっくり揉みはじめた。店長は「何もしなくても3秒で勃つんで」と言った。別に勃たなくていいよ、と思ったが、徐々に勃起していた。「勃起したらものすごい大きさになるのかな」と思ったが、そうでもなかった。

マッサージについては、ちゃんとプロの講師を呼んで勉強しているということだったが、チンポコ揉みマッサージについてはどうなのだろうか。「独自のテクニックでやるんですか?」と人妻さんに聞くと、「俺が教えてます」と店長が答えた。

これが店長直伝テクニックだ!

【人によって反《そ》り具合や、勃起角度(お腹とチン棒の間の角度)が違うので、反り具合に沿って手を動かす】

つまり、女の人が自分のやりやすいように手で持つと、勃起角度が大きくなってよくないので、「本来の角度」を守りながら、とのこと。2時間1万8千円も払うんだから、日常では味わえない失神寸前の桃源郷的テクニックなのかと思ったら、基本マナーみたいなことだったので拍子抜けした。しかし私はそんなマナーは知らなかった。女性誌のセックス特集に書いてあっただろうか。「反り具合に沿って」というのがどの男性にとっても大切なことだとしたら、もっとちゃんと誰かが教えるべきなんじゃないだろうか。正しい手マンの仕方と共に……。

女性誌のセックス特集と言えば、「風俗嬢に学ぶ極上テクニック！」とか「風俗嬢が教える正しいフェラチオ講座」とかがあったりする。当時の私の周りの20代の女性たちは「彼氏や夫が風俗を利用するのは、自分の体やテクニックに満足していないからであり、自分に非がある」という前提で考えている人が多かった。

それは、例えばプロのネイリストにネイルを塗ってもらうとか、ミシュランに載っているレストランに食べに行くとか、自分でもできることにお金を払うというのは、他の事ならば「普段は体験できない技術に金を払う」という感覚だからだ。しかし男性は「別にそういうわけじゃない」とよく言う。何がそういうわけじゃないのか、この店長テクニックの視点から考えてみると、風俗だからって必ず特別な超絶気持ちいいサービスが受けられるわけではない、ということが分かる。

仲良くおしゃべりしながら店長のチンポコを揉む人妻さん。「人妻」と名乗っているだけで、実際は独身なんじゃないだろうか、と思っていたのだが、5歳の子どもがいて、

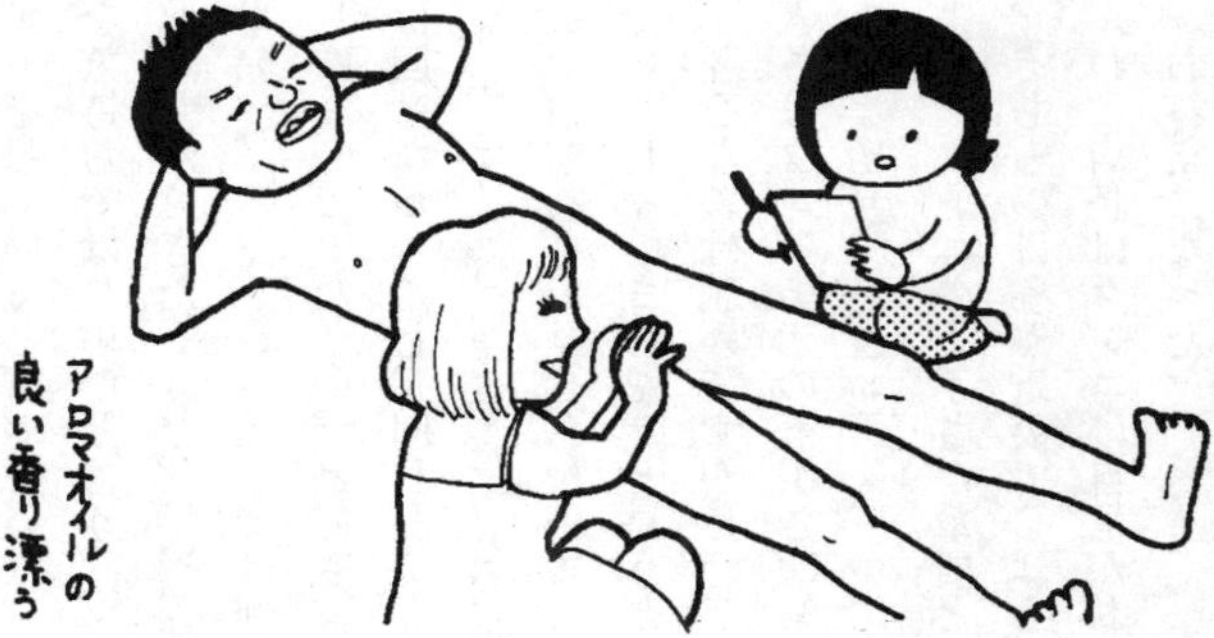
アロマオイルの
良い香り漂う

夫には内緒でこのバイトをしていると言っていた。客が女の子に触るのは禁止されているお店なので、気軽な気持ちではじめたと言う。マッサージの知識も身につき、エステティシャンの資格を取る夢ができたそうだ。「いい仕事だよ」と明るく話していた。

店長のチンポコは幸い、ギンギンレベルまでは到達せず、射精にも至らなかった。私が気を利かせ「お出しになってください」とでも言えば射精していたかもしれない。しかし、そこまでの気は回せなかったし、回したくなかった。

取材が終わり、「ありがとうございました」とお世辞を言うと、

「いえいえ、こちらこそ粗末なもん見せちゃいまして」と店長が言うので、

「いえいえ、ご立派でらっしゃいました」と言うと、

「ま、大きさはね……肝心なのは舐めですから」と店長がおっしゃった。

「舐め？　ああ、大きさはフェラチオの上手さ次第ってことですか」と問うと、

「いやいや、その逆です」と店長が返す。

「ああ、男は大きさより、クンニの上手さが重要ということですか」と問えば、

「そうです。やはり、そちらのほうが重要でしょう」と言いますもんで、

「そうかもしれませんね。店長はクンニに自信がおアリなんですか」と聞きますと、

「ええ、まあね」と、お答えになった。

唐突なるクンニ自慢に面食らい、せっかく続いていたラリーを私はブツ切りで中断した。

そして、この取材をもとに描いた漫画を再現したのが下のものである。

私が現場で感じたこと、「堂々と出されるチンポコは見たくない」とか「別に超絶テクニックを受けられるわけではない」などは、男性にはまったく必要ない情報だった。「本当のこと」は、私の中に虚しさと共に降り積もっていった。

男は本当に「種を残したい生き物」なのか

ドール専門風俗店

風俗店は、それぞれの店に細かいサービス規定があり、さらにその区分は無数にある。ただ、共通するのは、「人間の女の子と関わりが持てる」ということ。生身の女の子との体の接触や交流を売りにしている。

しかし2005年頃には、人間の女の子に代わってラブドールまでもが風俗業界に侵出した。ラブドールとは女の子型の人形のことで、作りが精巧でより人間に近い高級品は当時の価格で60万円以上した。

顔が儚《はかな》げで大変に美しいのも特徴。股間には、オナホール（女性器へ挿入した時のような快感を得るために膣を再現したシリコン製品のこと）がはめこめるように設計されている。

自分では買えないが、ドールとやってみたいという人が多く、ドール専門の風俗店ができたらしい。

２０１４年当時は、数は既に激減していたが、「生身の女の子と接触するのが苦手なメンズ」へのサービスでもあるこの手の店は、根強い人気がある。

ドール風俗店にも、客が来店して個室でプレイする「店舗型」と、従業員がドールをバカでかい袋に入れて自宅まで運んでくれる「デリバリー型」がある。私が取材したドール風俗店は店舗型だった。

約束の時間にお店の事務所に行くと、完全なるヤーな風貌の従業員の方が出迎えてくれた。社長と専務と舎弟という感じの３人だったのだが、絵に描いたようなルックスの人たちで感動した。

社長（推定40歳）

………背のちっちゃい哀川翔。

専務（推定45歳）

………前髪オールバックで嶋田久作みたいな顔。

【テレビで観たドール
デリバリーの様子】

舎弟（推定22歳）
……髪が腰まであり、眉毛を剃っている長身のビジュアル系。

全員それっぽいスーツをバッチリ着こなしていて本当に映画みたいだった。しかも社長と専務は舎弟のことを「テッ！」と呼んでいた。そんな呼び名が交わされる現場に自分がいることに震えた。社長は私にとても気を使い、「お茶、何がよろしいっすか？　緑茶？　オイ、テッ！　緑茶買って来い！」と私の要望をテッに指示。普段はあまり関わりたくない人種の人たちに下手《したて》に出てもらうというのは、緊張と心地よさが入り混じる。

高級ドールは、存在感が凄かった。美人の顔って無意識に見ちゃったりするけど、そういう感じでウットリ……と見入ってしまった。でも、近くに寄ってよーく見ると、シリコンでできた肌の至るところに細かいホコリが付着していた。人間っぽすぎるため、ビニール的な部分が逆にゾッとしてしまう。指は骨組みが入ってないからグニャグニャ曲がり、中指の上に薬指が変な風に乗っかっていたりとか、ホラーな部分も持ち合わせる女の子たちだった（その後は進化し、ドールの指にも関節が入っているという）。

週刊誌の風俗店紹介の記事だったので、女の子の写真を撮らなければならない。普通

なんとなくオシャレな
お三方

の風俗店なら私と風俗嬢のふたりきりで、風俗嬢の子にポーズをとってもらう。しかしドールはポーズがとれないので、この3人がポーズの形にする。

ドールはけっこう重たいので3人がかりで「エイやッ!」とか「よいしょぉっ!」とか「テツ、足持て、足!」とか言いながらやっていた。色っぽいポーズをさせようとするのだがなかなかうまくいかず、そのうちドールの首がゴリンッ! と後ろに回転しちゃったりする。みんな真剣なので笑わないよう必死で我慢していたら、自分の腕に顔をうずめて肩を震わせているテツさんが目に入った。意外とお友だちになれそうだなと思った。

この時は新規オープン前だったので、社長たちはものすごく気合いが入っていた。プレイルームであるワンルームマンションの一室は、淫靡《いんび》だけど殺風景な普通の風俗店の個室とは違い、お客さんが「まるで女の子の部屋に来たみたいだ」と思ってくれるように、「女の子の部屋」が再現されていた。メルヘンな色の勉強机とベッド、その隣にはなぜか公園のベンチがあり、壁にはツタが絡まっていた。「こんな部屋に住んでる女の子はいないだろ……」と思ったが、この3人があれやこれや言ってこの部屋を作ったんだと思うと、なんだか胸がキュンとした。

ぐりんっ
あッ!!

ドール用の着替えもたくさん用意したとのことで、専務がふたつの紙袋にパンパンに入ったイトーヨーカドーで買ったようなティーンズ服を持ってきた。着替えさせようということになったのだが、ドールの肌がシリコン製なので服が滑らない。おっぱいに貼り付けて着用する〝ヌーブラ〟と同じような素材なので、すべりをよくするためにベビーパウダーをはたかないといけない。嶋田久作似のコワモテ専務が、ドールにベビーパウダーをポンポンやっていて、テッさんの肩が再び揺れていた。メルヘン過ぎてワケがわからなくなっている部屋で、3人がピンクや水色のパステルカラーの服を床に広げ、問答している姿は愛らしかった。

この店には受付がなく、インターネットで予約して、客はそのまま部屋に来るシステムだった。つまり誰にも会わずにこの部屋に来られる。「人形とやりたいって思う人は対人が苦手だと思うから、そういう人が来やすいように」との、社長なりの配慮である。まったく逆の世界の同性に対しての優しい心配り。

用意されているドールは2体。「普通の風俗店のように、名前を付けなきゃいけない」と社長は言った。私が、「人形だし、あえて名前は付けずにお客さんが好きな名前を付けられるっていうのを売りにしたらどうですか？」と言うと、「おおっ！　それがいいですよ！」と専務がその場にあったノートパソコンを開き、お店のHPに「アナタの好きな名前をつけてネ☆」と書き込んでいた。

ただドール2体に対し、プレイルームはこの部屋ひとつ。洗浄などのメンテナンスをしなければならないので、とりあえず2体用意したらしい。1体がプレイに出ているあいだは、もう1体は待機である。人間だったら休憩が必要だが、人形という点を活かし「ふたりのドールと3Pができるってコースを作ったらどうですか？」と言うと、「おおっ！　それがいいですよ！」と、またHPに新システムを書き込んでいた。

本来なら風俗嬢のことを一番に考えて決めなければならないことも、人形だから好き勝手に進められる。魅力的でエロティックだが、まったく微動だにしないドール。

お客さんはこの部屋で、何も喋らないし動かない相手の体を舐めたりなんなりするんだ……と思うと、言い表せない虚無が胸をよぎった。ドール風俗は人間風俗とは別物だ。男たちは「俺らは種を残したい生き物」と主張する。つまりその射精は本来、受精するためのものである。

しかしお金を払って人形に対して出す。じゃあその射精って、なんなの？

頭の中がグルグルしたまま、帰路についた。

密着型理髪店

当たりそうで当たらないおっぱいを楽しむ

男への性的サービスを行う店は、風俗店だけではない。女の子の体に触れたり、チンポコを触ってもらったりするサービスとは別のジャンルも存在する。射精を目的としない、男性向けセクシャルサービス店というのは、街の中になにげなくある。

なかでも「密着型理髪店」の外観は、普通の理髪店と変わらないのでまったく分からない。しかしそのサービスは普通の理髪店とはちがう。店員が全員女性で、髪を切ったりヒゲを剃ったりする時に、密着してくれるというのが売りだ。当時流行しはじめた「耳かき」サービスもある。顔に店員のおっぱいが当たりそうで当たらない、というドキドキを楽しめるという。

あくまで「理髪店」なので、お触り禁止。もちろんポコチンを触ってもらうこともできない。現在はこういったタイプのセクシャル理髪店は確認できず、2006年当時も、ホームページがあって明るく営業しているのはこの店だけであり、メジャーなものではなかった。

この時の潜入取材は、エロ本編集者の男とふたりでカップルのフリをして入店した。彼氏が髪を切っている間に彼女が待っている、という設定で入店したのだが、よく考えたら女に密着されながら髪を切る彼氏に付き添う彼女って不自然すぎる。

入ってみると、一見普通の内装だが、店員たちはみんなゴージャスな巻き髪にぱっつんぱっつんのタイトなミニスカートを穿いていて、上半身もピタピタの白いワイシャツを着用し、両胸のあいだではじかれそうなボタンが印象的で、理髪店・美容院の風景としてかなり異様だった。女性客も利用可能ということだったので、私は一番手軽な「頭皮マッサージコース」を頼んだ。まぶたに真っ黒な半円を塗っている女の子がマッサージしてくれたのだが、若干、爪が伸びている気がした。

理髪店や美容院の鏡は、客の胸から上が映る大きさが通常だが、ここは全身鏡だった。店員のミニスカートを見るためである。しかも隣の席との間についたてがあり、半個室になっているという配慮の高さ。私はのどの底から昇ってくる大きなため息を飲み込むと同時に眉間にしわが寄りすぎないように注意した。

まぶた黒半円の女の子は、「女の人の頭触るの、久しぶりだからうれしい……」と漏らすようにつぶやいた。こういう店での男性客の相手って疲れるだろうなと思い、「客が口説いたりしてきますか?」と尋ねると、「してきますよ。キャバクラのつもりで来てるお客さんがほとんどですよ」と、滅多にいない女性客に心を許したのか、話してくれた。

「店長から『客におっぱいくっつけろ』とか指示はあるんですか?」と聞くと、お茶を濁すように「指示があるからやるわけではなく、指名制で歩合給なのでやる気がある人は自分からおっぱいをくっつける」と話してくれた。

ひとり、赤いメガネをかけて髪をひっつめてお団子ヘアにして、女性教師のコスプレみたいになっちゃってる店員がいたが、あの人は相当やる気がある人だと思う。放たれる気合いが違った。おっぱいも積極的に当たりそうで当たらないようにして客をドギマギさせているのではないだろうか。まぶた黒半円の女の子は、「給料が格段にいいからここで働いてるけど、私は指名をとるために頑張ったりはしていません」と、覇気のない声でつぶやいた。彼女はもともと普通の理髪店で働く理髪師だったが、声をかけられこの店に来たという。店員の半分は元キャバ嬢らしく、理髪師免許がないので髪を切ったりすることはできない。耳かきコースなどハサミを使わないサービスを担当している。

予約表
いちいち 動きがすごい

だがスタッフ表を見なくても、どの人が理髪師でどの人が元キャバ嬢なのかは、外見や雰囲気でなんとなく分かってしまうのだった。

編集者が長いフルコースを頼んでいたため時間が余ってしまった。「カウンセリングコース10分1000円（ドリンク・お菓子付）」を頼むことにした。イケてるオヤジになるためのファッションに関するカウンセリングなのかな、と思った。まぶた黒半円の女の子は私をソファへ案内し、風俗みたいにキッチンタイマーを10分でセットした。いざカウンセリングタイムである。

「これって、何を話すんですか？」と聞くと、「んー、普通の話ですよ。世間話みたいなの」とのこと。そういえば、頭皮ケアとか似合う髪型とか、そんな話は普通の美容院でできる。

「最近どーお？」とか、「彼氏いるの？」とか、そういう話をするんだという。10分1000円も払って。ドリンクとお菓子も、Ｑｏｏのオレンジジュースのちっちゃい缶と、カントリーマアムとぽたぽた焼、個装のお菓子がカゴに入ったやつが出てきた。つわものになると、このカウンセリングコースだけを60分頼む人もいるらしい。6000円で、美容室に来て美容師と世間話するだけ。他人がどんなことに金を

使おうと勝手だ。だけどなぜだろう、すごくムカムカした。

はじめて取材で風俗店に訪れた時とは違う衝撃を感じていた。とにかくこの理髪店は客が引っ切りなしにどんどん入店してくる。それも驚きだが、客たちが全員、澄まし顔で入ってくることにイライラした。女の子がミニスカートを穿いていて、大きな鏡で太ももが見られて、顔に近づいたおっぱいにドキドキする店だって絶対分かってるくせに、「……あれ？　なんですかここ？　普通の理髪店じゃないんですか？　普通の店だと思って来ました。……まあ仕方ないですね、もう入っちゃったし。髪切ってもらえればいいんで、ボクは」みたいな顔して入ってくるのである。「どうせならニタニタ笑いながら入ってこいよ！」と摑み掛かりたくなる。彼らは一体何に、誰に対してカッコつけてるんだろう。来ている客全員を全否定したい気持ちが、どうしても拭えなかった。

【「あれ……?」な男たち】

密着型理髪店について男性に話すと「行ってみたい」という反応がほぼ100%の確率で返ってきた。

ストリップ劇場

女のプライドと優しさの表現「笑顔でパカパカ」に感涙

はじめてストリップに行ったのは大宮の有名な劇場で、到着すると「ああ、こういう建物がいまだ平成の商店街の一角に残っているのか」と感激するくらい、昭和色に染まった造りの建物であった。中に入ると、おじさんたちがワラワラとたくさんいた。女というだけで目立つので、みんな顔を見てくる。トイレに入るのは怖かったので我慢した。

客席は前方だけ椅子があり、後ろは立ち見になっている。椅子は全部埋まっていた。椅子席はオープン前から並ばないと座れないらしい。

ステージが暗くなったかと思うと、古いスピーカーからダジャレを交えた司会者の声が鳴り響き、スポットライトと共に踊り子さんが現れた。どの方向のお客さんにも見えるようにステージは円形で、床は回転するようになっている。その上で踊り子さんが笑顔で踊る。

そのうち照明がだんだんドピンク色やド紫色と妖艶なムードになっていき、踊り子さんは踊りながら一枚一枚、衣装を脱いでいく。悶えるような仕草、まるで目の前に愛する男がいて、その男とセックスをしているかのように、フェラチオの仕草をしたりクンニされている動きをしたり、あえぎながら女性上位で腰を振る。美しくしなやかな女体に心奪われた。

妖艶なダンスが終わり、踊り子さんは一旦退場する。次はマーチのような音楽がかかり、元気にステップを踏んで服を着た踊り子さんが再び登場。そして床に座ったかと思うと、唐突に足をV字に広げパカパカと開いたり閉じたりした。スカートの下は何も穿《は》いていない。笑顔で足をパカパカして見せてくれる踊り子さんを見て、感動して涙があふれた。「笑顔でパカパカ」は、女のプライドと優しさを最大限に表現した動作だと思った。

「触らせない、チンポコも挿れさせない、だけど笑顔で見せてあげる」

涙でグチャグチャになった顔をぬぐっていると、踊り子さんと目が合い、踊りながら私にピースをしてくれた。それでまた涙があふれてしまうのだった。

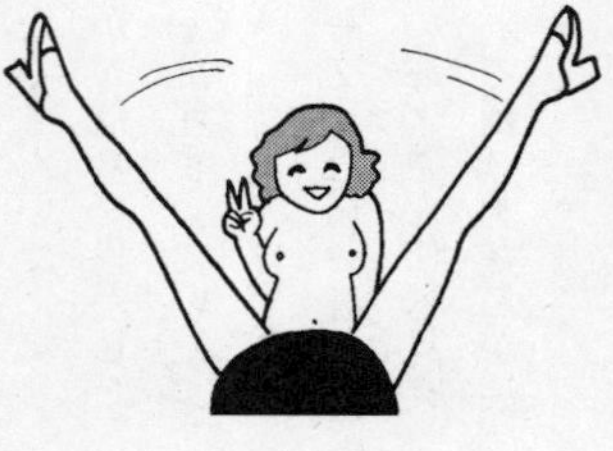

前方の椅子席からかぶりつきで見ているお客さんたちは、踊り子さんが帰って行く時、舞台にお茶やミネラルウォーター の500ミリリットルのペットボトルを置く。「150円以上しない差し入れ」と、そのおじさんたちの風貌が絶妙にマッチしていた。

楽屋へ踊り子さんを訪ねると、「トゥナイトⅡ」で見ていたまんまの〝ストリップ劇場の楽屋〟であり、タオル地のガウンを着た踊り子さんが笑顔で出迎えてくれた。そして隣にいた踊り子さんが「これどうぞ」と言って、楽屋の入り口にズラッと並んでいる500ミリリットルペットボトルの中からウーロン茶を取ってくれた。「ああ、これは先ほどの……」と思いつついただいた。

ストリップの踊り子さんという仕事は、3週間単位で全国の劇場を回るらしい。自分の家に帰って来られるのは、年の3分の1くらい。自分で踊りや衣装を考え、手作りする。私の知らない部分もたくさんあると思うが、男たちによって生み出された文化の中で自ら立って生きる女たちを生で見ることができる貴重な世界だと感じた。

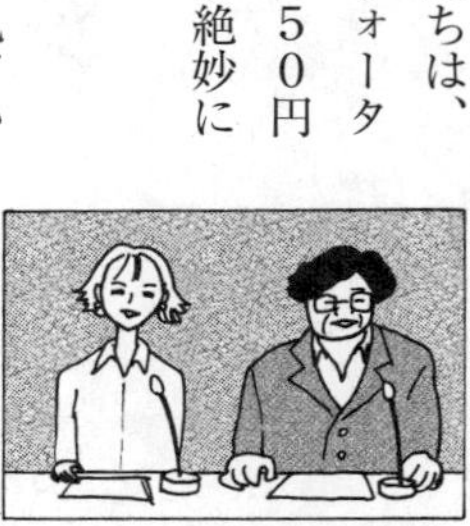

【トゥナイトⅡ】1994年から2002年までテレビ朝日系列局で放送されていたバラエティ番組。

ピンク映画館
おじいちゃんたちの憩いの場

新宿や上野にある、いかがわしい映画館。ああいうところはホモセクシャルの人たちのハッテン場だとかで、男性からも「昔行ったら隣の人にケツ触られたから怖くて絶対行かない」という話を聞くし、エロ本には「痴女たちと乱交できるピンク映画館がある！」とか書いてあるし、変なことに巻き込まれるんじゃないかと、怖くて本当にイヤだった。中の雰囲気だけチョロっと見て、５分くらいで帰りたいと思っていた。

霧雨降る正午、新宿駅前でエロ本編集者Ｚさんと待ち合わせ。Ｚさんは待ってる間に読んでいたのであろう「Ｒ25」の続きを読みながら映画館へ歩きはじめた。彼の行動はいつもこういった感じで、私もいつも通り

【R25】2004年から2015年までリクルート社が発行していたフリーペーパー。

驚いたが、いつも通り何も言わなかった。

映画館の入り口から階段を昇ると、踊り場に券売機があった。「同性愛者の方お断り」の貼り紙がある。券は1800円だった。思わず「高けぇ～」と言ってしまったが、ピンク映画は3本立てで入れ替えなしなので、居たければ1日中居られる。受付の人が30代くらいの若い女性だったのでびっくりした。小さいロビーは壁やドアがものすごく年季が入っていて、「昭和！」って感じ。映画は10分前からはじまっていて、ドアの向こうから「アヒン、アヒ～ン」と女のあえぎ声が聞こえる。

ドアを開けて暗闇の中まず目に入ったのは、もろカツラなおじさんの頭。館内はかなり広かった。天井が高くて、イスとイスの前後の距離が異様に長い。イス自体もゆったりサイズ。全体的に灰色って感じで、ボロって感じで、昭和って感じで、人工的には作り出せない歴史を感じる色合いだった。

先を歩くZさんについて座席まで歩くと、私の靴のヒールがコツコツと女っぽい音を床に響かせた。「周りの客に『女が来た』と思われたら怖い！」と思い、音が鳴らないようつま先で歩いた。

客席は200人分くらいあったが、客は25人くらいだった。平日の昼間だからという

のもあるけど、大半がヨボヨボのおじいちゃん。画面には「痴漢電車・くい込む太もも激しい指先タッチで責めまくれ」というタイトルの映画が流れていた。劇中に脈絡なく飛び出す「だっちゅ〜の」などのギャグからして90年代の作品だと思われる。AVとは違いエロなしシーンのほうが長く、制作者が作品に自ら突っ込みを入れるような箇所があり、ふざけながらも真面目に作っている様子が垣間見えて新鮮で面白かった。私は行く前、観客の動向が恐ろしいということしか頭になく、映画自体に対しての期待はまったくなかったが、思わず見入ってしまった。

しかしエロシーンになると、「後ろの客が私に注目し『お姉ちゃん、うずいちゃってんじゃねえのか？』と思われたりするのでは……」という恐怖感に包まれた。1ミリたりとも微動だにしてはならない、と自分の脳が自分の体に強い命令を出しはじめ、私の四肢が異常な硬直をみせた。館内は照明がついていて、普通の映画館より明るい。ただでさえ女ってことで目立ってるだろうから、ちょっとでも動いたら「おまんまん、シメってきたんやろ？」などと思われそうで、「後ろから胸に手を伸ばされたらどうしよう」とか、本当に怖かった。Zさんが手を伸ばしてくるという心配はしていなかったが、守ってくれるという実感もなかったのでとにかく安心できなかった。

映画のシーンは、パンストの上から指で触る程度で、大してエロいものではなかった。

しかし「エロシーンである」ということだけでもの凄く緊張する。おじさんたちの後ろ姿を凝視することで落ち着きを取り戻した。ちなみに己の股間をまさぐる行動をしている人は、いなかったと思われる。

途中、すぐ前に座っていたおじいちゃんが立ち上がり、外へ出て行ったのだけど、歩き出す時にものすごくよろけた。上映中でもみんな出入りしたりと、いろいろ動きがある。会社帰りの磯野波平が持ってる手土産みたいなのを持った猫背のおじいちゃんや、頭のてっぺんがアルシンド風にまん丸に禿げていて顔は大泉晃風のおじいちゃん。映画の最後になると、後ろの席から「ガサガサ」「クチャクチャ」「サッサッ」など、ビニール袋から出した何かを口に入れ噛み砕き、手に付着した何かをはらっている音が聞こえた。

強引な展開で映画がラストを迎え、エンドロールが流れる。

このまま次の映画がはじまるのかと思いきや、丁寧にも

【アルシンド】
Ｊリーグ開幕当初、一世を風靡したブラジル人プレーヤー。

手土産

薄い生地のカーテン幕が左右から閉じ、閉じ終わったところでいきなり野太い声の演歌が流れる。「あっ!」と思わず声が出そうになるほど、空気感とBGMがマッチしていた。場内を出る際、後ろの人が何を食べているのか見てみるとアンドーナツだった。

私は、ピンク映画で自由にくつろぐおじいちゃんたちのことがうらやましいと思った。ほどほどにエッチなコメディが大画面で流れる場所で、好きなもの食べて、出て行きたい時は出て行って、誰にも邪魔されず、日がな一日のんびり過ごす。私がこの時見たピンク映画館はそういうところだった。

私がおばあちゃんになった時、あんな風に時間を過ごせる場所は、あるだろうか。絶対に無いだろう。

帰り、Zさんと打ち合わせするために居酒屋に入った。Zさんはいつも通りひとりでメニューを見、私に食べたいものを聞かずにオノレの食いたいものだけを注文した。さらにテーブルの上にあった私の煙草から1本取り出し、私のライターで火を点けながら、「もらいますよ」と言った直後はもう口から煙を吐いていた。私は「ほんと何なんだろうこの人」と、いつも通り思った。

床から吹き上がる風でスカートがめくれ上がる

パンチラ喫茶

これは「密着理髪店」と同じ類のセクシャル系飲食店である。可愛い女の子たちがメイド服やセーラー服、ナース服を着てウエイトレスをする。大きなフロアをぐるりと囲むようにして壁際に席が作られ、客はどの席に座ってもウエイトレスたちを一望できるようになっている。床には所々、通気溝が取りつけられ、風が常時吹き上がる。その上をウエイトレスが通ると、「ワ〜オ！」という具合に短いスカートがめくれ上がる。可愛らしいパンティーに包まれたプリプリのおケツが丸見えという寸法だ。女の子たちは、スカートがめくれてパンティーが見えても別段気にすることなく、普通のウエイトレスのようにドリンクやフードを運ぶ。

料金は30分1500円でソフトドリンクのみ、飲み放題。延長30分につき1000円なので、1時間いたら2500円。ケーキは1000円と割高だが、ひとくち目だけはウエイトレスが「はい、ア～ン」をして食べさせてくれる。女の子にドリンク（500円）を奢《おご》ると、その場でしゃがんでパンチラしながらおしゃべりしてくれる。風によるパンチラではない角度のパンチラが見られるということで大人気だという。

お触りと撮影は禁止、女の子も客の隣に座ったりしない。まさに視覚と聴覚のみで楽しむ喫茶店なのである。

パンチラには風のイタズラによるものと、掃除などしている女子がかがんだ際に見えるチラパンというものもあり、後者のほうが「イイ」という男性もいる。そういう人は、椅子の座面、つまり本来は尻を置く部分に頭が到達した格好、首が直角に曲がった体勢にならざるを得ない。その体勢を真顔で10分間も維持しているひとり客のオジサンを確認した。この日はいなかったが、文庫本を読んでいるお客さんもいるとのこと。

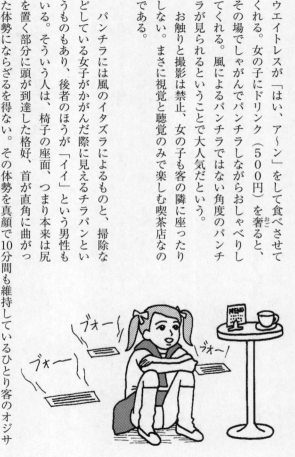

街の片隅の決して目立たない雑居ビルの一室にある「パンチラ喫茶」と銘打たれてている場所に来て、読書をするという、奥ゆかしさ。なぜだろう、密着型理髪店と同様、イラッとする。

パンティーは、それぞれの女の子が自前のものを穿くのがお店の決まりになっている。故に様々なパンティーを拝見することが可能だ。綿パン、ヒモパン、白、ピンク、ブルー、濃いブルー。そして挑発的なゴールド。

しかしこの店の本当の醍醐味はパンチラではなく、立ったままおしゃべりしたり、ダラダラしているウエイトレスたちをジーっと見ることができる、という点だと思う。楽しそうに談笑している可愛い女の子たちをマジマジと見られる機会はそうない。ついでにスカートがめくれるなんて、やっぱ金を払わなきゃ見られない。

もし女性向けに、キレイな男の子がくっちゃべってる様子や、じゃれてる様子を眺められる喫茶店があるとする。もしかしたらもうあるかもしれない。そこそこ儲かるはずだ。だけど私はきっと、そこにはお金を払って通わない。しかし、もしあったら行きたいお店というのがある。

以前、女性向けアダルトＤＶＤの撮影現場を見学させてもらったことがあった。イケメン男優のムータン氏は、写真で見るよりも１０００倍可愛くて、２秒で理性を失いかけた。私は普段、男性に対してこのような気持ちを抱くことはほとんどない。だから初対面の、特定の男性に欲情する自分にビックリした。

ムータン氏が衣装で穿いていたパンツが凄かった。見た目はカワイイのだがギューッと伸びるとそこだけ少し透けるというスクリーンみたいな謎の新素材で、勃起すると亀頭のワレメがクッキリと浮き出る。あまりのエロさに眼球の毛細血管が渋滞を起こし、視界がチカチカした。ムータン氏のパンツの中に手を入れた女優さんがどのようにチンポコをまさぐり、そのチンポコがどのくらい膨張しているのかが分かる。だが、柄はピンクのボーダーだから生々しくないという奇跡。ここまで見事にオシャレとエロを両立する男性用下着がこの世にあるということが、誰かを救う。そう思うほどだった。

ムータン氏の肌は透き通っていて、その乳首はハッとするほど明るい桜色。演技もうまいし、すぐに勃つチンコは体に対して異様にでかく、色も人気女性漫画家がカラーでチンコを描いたらこの色で塗るだろうなって感じの、グロすぎない、女が好むエロちんこ色で、欲情を通り越して、「ここまで女性向けAVの男優に向いてる人が、実際に男優業をやっている……」という事実に感動し、神や仏に感謝したい気持ちになった。おそらく、こんな感動は男性だったら思春期頃、いや小学生あたりで感じているものなのではないだろうか。それどころか「キレイな人がAV女優をしている」なんて当たり前のことすぎて感動すらしたことないという人も多いかもしれない。とにかく女のエロに関することは、男性のそれよりも常に発展や普及が圧倒的に遅い。

ムータン氏がシコシコと自分の手でオナニーする様子を、息をひそめてスタッフの女性たちと見つめた。それは信じられないほど楽しい時間だった。ムータン氏のシコシコを見ていると、性的ムラムラを超越した何かに体が包まれた。体の底から元気と勇気とやる気が噴き出してくるような、人間としての根源的な「気」が猛烈にそそり上がって来る感覚。セックスとは違うし、ひとりでエロいものを見てるときの感じとも違う。血液が、乳首や膣や尻の末端神経へ巡ってゆく。まるで子宮そのものから温泉が湧き出したかのような、「ものすごく体に良い感じ」を体感したのである。

可愛い男の子が、大きなチンポコをシコシコするのを、女たちと一緒に見つめる。それが体にこんな作用を与えるなんて。女が集まってムータン氏のシコシコを見るイベントや「シコシコＢＡＲ」みたいなお店がもしあったらみんなで行ってみたい。

オナニークラブ
体験取材できないコンプレックスと向き合う

お世話になっているエロ本の編集者から、新連載の依頼がきた。企画内容は「風俗嬢として風俗店に潜入し、実際に働いて、『はじめて風俗で働く女の子の気持ち』を漫画にして欲しい」というもの。

その時の私は既に、様々な「他人のセックスを見る取材」を重ねていた。だけど自分は、そこで性的な行為をしたことがなかった。「やれたらやってくれればいいし、やりたくなかったら拒否していいよ」と言われ、乱交パーティーに潜入した時も、結局おそろしくて隅っこで座って見ていた。

私が「潜入はできるけどエロい行為はできない」ということをその編集者は考慮して、「田房さんが風俗嬢として働く店」として「オナニークラブ」を提示してきた。

通称「オナクラ」は、男性客が女の子に自分のオナニーを見てもらう風俗店だ。女の子の体に触ることはできないし、女の子は裸にもならない。フェラチオもない。

その店で「実際にいつも働いている風俗嬢として振舞って欲しい」と言われた。見るだけだったらできそうだと思った。笑顔でその企画を引き受けた。

しかしオナクラには「見るだけコース」以外に「手コキ（チンポコを手でしごいて射精を誘発する）コース」があるとも言われた。しかもその店には風呂もシャワーもないため、客のチンポコをおしぼりで拭くだけで触らなければいけないという。風俗嬢を装うという潜入取材なので、私についたお客さんが手コキコースを選んでしまったら、しなければならない。「手コキはヤダな……」と思い、顔が曇ったのが自分でも分かった。

しかし、なんでもないことのように話している編集者を前にすると、大した漫画家でもないのに仕事上で嫌がることがあるなんて厚かましい、と思えた。もうなんでもやったれ、手コキくらいやったれ、チンポコがなんだ、肉の棒じゃないか、腕と変わらんじゃないか。やってみたら案外大したことないかも。いや、意外と楽しかったりして。と、だんだんポジティブになってきて、スケジュール帳に「オナクラ取材」と書き込んだ。

当時、エロ本で潜入漫画やテキスト原稿を書く女性ライターが、私の知る限り数人いた。彼女たちは全員20代で、元風俗嬢、元キャバ嬢、現役ヤリマンOLなどの肩書きがあり、ハプニングバーで会った男とセックスしたり読者と3Pしたことについて臨場感あふれるレポートを書いていた。私はそういった特徴がなく、実際に体験したことが書ける彼女たちに対しものすごいコンプレックスを抱えていた。オナクラくらい、やるしかない。

それでも次の日になると、見ず知らずの男のチンポコを手コキすることに対して、大きな不安が募った。

汚いであろうチンポコに触るのが、なぜそんなに嫌なんだろう。見ず知らずだから嫌なのか。見ず知らずで汚いから嫌とかではないのでは？　知り合いのキレイなあれでも、そこに愛がないと手コキは無理ではなかろうか。仕事なんだし、愛とか関係あるのだろうか。仕事の中のひとつの作業として、「取材先に行くために電車に乗る」のと同じ感覚でやればいいのでは？

相手がもしタッキー（滝沢秀明）だったら、抵抗なくできる気がする。その場合、タッキーに愛があるからというより「芸能人のチンポコへの好奇心」があるからなのでは？　特にファンというわけではないが一方的な知り合いみたいな感じだし、彼の清潔感は勝手に感じ取っているから、できそうな気がする。

タッキーの手コキなんて考えても仕方ない。今はおしぼりでふいただけの見ず知らずのチンポコを手コキできるか否かだけを考えるんだ。しかしおしぼりでふく時点で手に

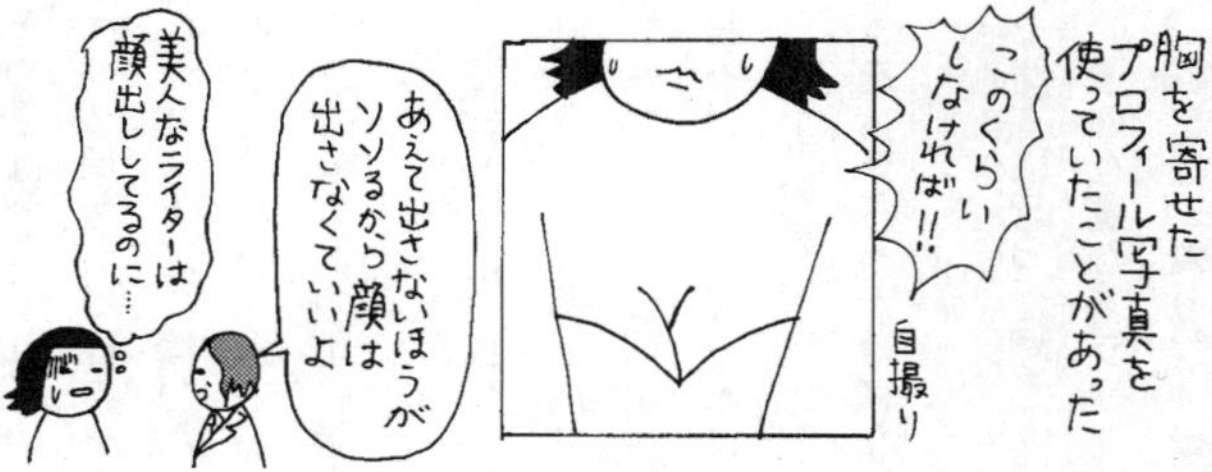
胸を寄せたプロフィール写真を使っていたことがあった
このくらいしなければ!!
自撮り
あえて出さないほうがソソるから顔は出さなくていいよ
美人なライターは顔出ししてるのに…

ふれてしまうのでは？　その手はどうすればいいのだ？　ああ、分からない……。

とりとめのないことをグルグル考える日々を過ごした。

そんな混乱をよそに、オナクラ予定日はどんどん近づいてくる。

日に日に「やっぱりできない」という思いが強まっていった。結局、編集部のほうで企画が変更になり、オナクラで働く女の子に話を聞いて、それをもとに、さも体験したかのように漫画にするということになった。それは私の希望が尊重されたというよりは、「お店に問い合わせたら、1回だけの体験入店というのは無理だと断られてしまった」というだけだった。指名制を重視する風俗店では、大切なお客さんにニセモノの風俗嬢を差し出すわけにはいかないだろう。最初から悩む必要はなかったということだ。

私のそのグルグルした日々は、言ってみれば無駄だったわけだが、はじめてそういうことに関して真剣に考えて自分の思いがはっきりし、「仕事では体の接触は一切しない」とハッキリした線引きを持つきっかけになった。

そして、オナクラへ話を聞きに行った。

店内の入り口には、女の子の写真がズラリと貼ってある。全員若くて可愛い子ばかり。一般的な風俗店とは違い、裸になったりフェラチオをする作業がないので、容姿が重要視されるという。

店の内部は、ワンフロアを6つに間仕切りしてある。部屋は4畳ほどの広さで、シングルベッドがひとつと、14インチのテレビもあった。なぜか「ぶら下がり健康器」も置いてある。スタッフの男性が教えてくれた。

「お客さんが全裸になってぶら下がって、オチンチンを女の子に見られたり、いじられたりするコースで使うんです」

そのコースの名は『拘束地獄』。この店の客はマゾな男性が多いそうだ。単にオナニーを見てもらうだけのお店かと思っていたが、他にも『診察コース（女の子がチンポコの長さや周囲を測り、チンポコカルテを作成する）』や『たらい回しコース（「何してんの、バカじゃない？」などと蔑まれるために、オムツを穿いただけの恥ずかしい格好で、女の子が待機する他の部屋へ連れて行かれる）』などの、まったくもって理解不能だが、好きな人には必要なのであろうプレイコースも用意されている。

取材として店がセッティングしてくれた女の子が個室にやってきた。源氏名は舞ちゃん。芸能人かと思うほど顔が小さく、はちきれんばかりの胸のふくらみと腰の細さの対比がま

ぶしい21歳の女の子だった。ここで働きはじめる前は、モデル事務所に所属していたらしい。

舞ちゃんの話を元に、私自身が風俗嬢体験をした体《てい》のレポート漫画を描くので、それなりに具体的なエピソードを聞き出さなければならない。ツンとした感じの舞ちゃんに緊張しながら質問をはじめた。

「どういうきっかけで、このバイトをはじめたの？」

「給料がいいから」

「他のエッチじゃないアルバイトもあるけど、これを選んだのは？」

「脱がなくていいから」

「ヘルスとかソープみたいな風俗店で働いたことはなかったんだ？」

「うん。風俗店ははじめて」

「最初って、やっぱり緊張した？」

「うん。でもすぐ慣れたかな」

「どのくらいで慣れたの？」

「う～ん……3回目くらいかなあ」

質問から外れていないだけの、必要最低限の舞ちゃんの返答。それはインタビュアーとしての私の未熟さを際立たせていた。手のひらに汗が溜まる。

「あ、あの、変なお客さんとかいる?」

「ああ、スーツを脱いだら胸にブラをつけてて、女物のパンツを穿いてるお客さんは結構いるよ」

無表情だった舞ちゃんがほんのり笑顔になったので、私は嬉しくなりテンションが上がった。

「えーっ! マジで? スーツってことは会社帰りってことだよね? 下にそんなの着て仕事してるってこと?」

「うふふ、そうだよね。すごいよね」

「そういう人には、どういう反応をしてあげるの?」

「う〜ん。あ、可愛いの着てるね〜って言ってあげたりとか……」

「笑っちゃったりしないの?」

「『変でしょ?』とか恥ずかしそうに言ってくる人が多いから、笑ったりはしない」

「そっか、笑えないよね」

話を聞いて、体験したように描くには、やっぱり本当に体験しなければ全然ダメだと思った。でも、私はそれを、舞ちゃんを通して体験しようと思った。一番気になるのは、はじめて知らない人の性器を触って射精させた時の気持ち。

「チンチンを触るのやだな、とか最初は思わなかった？」

「やだけど、仕事だし、やんなきゃいけないし、時間計ったりしながらだから、もうやるしかないって感じだった」

「でも、彼氏のじゃないチンチンなわけじゃない。こいつのチンチンにはどうしても触りたくないって時もあるでしょ？」

「……まあ、仕事だからやるよ」

仕事だからやる。舞ちゃんがそう答えるしかない質問しか出てこない。私が〝本当に聞きたいこと〟は一体なんなんだろう。隣で聞いていた男性編集者が痺れを切らしたように質問を投げかける。

「舞ちゃんはさ、お客さんのオチンチン見て、ジュンッときてエッチな気持ちになっちゃったことってある？」

男性誌に必要な質問は「風俗嬢は客に興奮するかどうか」。つまりは「女の子に触《さわ》れない風俗に客として行った時、その女の子の気が変わって、触らせてくれたり最後までさせてくれる可能性」について、読者の男たちは知りたがっている。私自身はそんなことまったく興味がない。だけど、自ら憧れて入ったエロ本という男のためのメディアの中で、知らない人のチンポコを触ることもできない、自分からエロを提供することができない私ができる仕事は、ニーズに合わせたものを描くことだけだった。

女も行けるが男のための場所
メイドキャバクラ

取材のため、ライターの男性と編集者と3人でメイドキャバクラに行った。

19時、新宿で待ち合わせ。お店まで歩いている間、ライターが編集者に言った。

「さっき、別の仕事で打ち合わせしてたんですけどね、それが17時で終わっちゃって。2時間も余ってるし、汗流そうと思って流してきました」

私はボーっとそれを聞いていて、「サウナでも行ってきたのかな」と思った。「『ふとっちょヘルス』に行ってね、ウエスト100センチのタカコさんに射精《だ》してもらいましたよ、ははは。タカコさんに抱きしめられたらなんか癒されました」とライターの人は言った。

キャバクラに着き、ピンクのソファに3人並んで座った。私は以前SMキャバクラに取材に行ったことがあるだけで、キャバクラは2回目だった。お店の女の子は全員メイド服を着ている。店のスタッフに連れられて私たちのテーブルにふたりの女の子が来た。

私と編集者の間に凜ちゃん（22歳）が座り、スタッフが「こちらはミコちゃんです」と言い「じゃ、あそこ座って」と指示を出した。もともと表情が固い感じのミコちゃん（20歳）は、静かに私とライターの間に座った。「座る」というより「置かれる」感じで、物みたいだなあと思った。自分たちの間に置かれた物の、ぷよっと出ている太ももは、いきなり無言でナデナデしても怒られないんじゃないかと錯覚した。

普通のキャバ嬢風女の子がただメイド服を着ているだけの店かと思ったら、凜ちゃんは真性のオタク女性だった。凜ちゃんが好きなアニメや漫画の話を聞いても私は知っているものがまったくなく、「ほお～、そういうのがあるんですね～」というリアクションしかできなかった。

凜ちゃんは喋り方がすごかった。常に右頬を右肩にくっつけている体勢で、右手を猫の手の形にし、ビートたけしのものまねの

【小刻みに小さくのけぞりながら話す凜ちゃん】

ように動きまくって喋りまくる。「いやいや、夏は大変っ。私、夏バテするんで。夏バテするんでっ」など、コメントを3度ずつ繰り返すのが癖のようだ。その間、上半身を上下に細かく揺らしながら前に倒す。一回の「夏バテするんで」の間に前に倒し、体を戻してからまた「夏バテするんで」で上下に揺れながら45度前のめりになるといった具合。はっきり言って強烈で、「どうしたの⁉ 大丈夫？」と心配になってしまうくらいのテンションの高さだった。普段からこういう人なのかな、とそればかり気になり、「いつもそうなの？」と何度も聞きそうになった。「きっと普段からこういう人なのだろう」と無理矢理思った。

この店の客は、やはりアキバ系が多いという。客が歌うカラオケもアニソン中心で、店にある大型モニターにはアニメの映像が流れていた。私には知識も興味もないため、さっぱり分からない。

しかし、彼女の話の中で唯一、親近感の湧く話題があった。

凛ちゃんは、中学から「るろうに剣心」や「スラムダンク」が好きだったという。読んでいる漫画に対する自分の思いが、みんなとは異なっている、オタクに近い思考を持っていることに気づきながらも、「私はオタクではない」と自分に言い聞かせていたらしい。しかし、ある漫画を読んだとき、「やっぱり私はオタクなんだと開き直ったら楽になった」と言っていた。

私は、小学生の頃から漫画家になりたいと強く思っていたが、中学に入ってからは、「漫画家になりたい人」のほとんどが「オタク」だったため、まったくついていけなかった。校内で少数派である「漫画家になりたい人」の中で私は「でもオタクではない」という意味でさらなる少数派であった。そこで校内に充満する「漫画を描く人＝ダサい人」という認識に迎合し、「漫画家になりたい」という欲望を封印することで多数派に紛れ過ごした。それが20歳頃まで続いたが、いつのまにかなくなっていた。それは、凜ちゃんとは逆に「自分はオタクではない」とはっきり気づいたからだと思う。

凜ちゃんは、店の中央にカラオケをセッティングし、アニソンを完璧な振り付けで歌って踊ってくれた。踊りがうまいし、スタイルもいいし、見ていてホレボレした。特に、黒いまっすぐなロングヘアーが横に揺れるのを見て、胸がキュン

となった。

　客もメイド服に着替えられるというので、私も着替えることにした。今回、取材で行ったのだが、お店には言わずに客として潜入したので、更衣室などを見るチャンスだった。

　更衣室はかなり狭く、部室のように乱雑に散らかっていて、女臭がした。

　凜ちゃんは、更衣室で他の女の子と普通に喋っていた。それは他のバイト先で見たら「アノ子、超オタクっぽいよね」と言われてしまう喋り方ではあるが、この店の女の子の中では至って普通で、「そりゃ日頃からあんなテンションなわけないよなあ」とホッとした。そして、座席では「物」にしか見えなかったミコちゃんも、ごちゃごちゃした更衣室から客用のメイド服を引っ張り出し、私に片手で渡してくれた。

　メイド服を着ている自分を鏡で見て、なんとも言えない気分になった。どうせなら写真を、そしてどうせ撮るなら萌えポーズで……と思い、教えてもらって写真を撮った。萌えポーズは、体をひねって、両手の全指をクロスさせて顔の前にもってくるやつと、床にペタンと座って、手を膝のとこに出して上目遣いでカメラを見るというもの。撮った写真は直視できなかった。

再び席に戻りライターの隣に座ったミコちゃんは、アニメ声で、常に両手を顔面前でクロスさせながら話していた。店から出る際、ライターの胸元に付いたホコリを小指を立てた手で取りながら、困った顔をして「お洗濯、してくださいね〜」と上目遣いで言った。ライターの顔を見るとデレデレの表情であった。会計は３人で２時間２万５千円だった。

帰り、ライターが「田房さんの隣の子は、キツかったな〜。ミコちゃんがいいな」と言った。編集者は「男にとってはやっぱ、ミコちゃんのほうがいいですよね」と言った。私は、媚び媚びタイプのミコちゃんよりも、自分が好きなものに突進している凜ちゃんのほうに好感を持った。しかし凜ちゃんもミコちゃんも、自身に相当な負荷をかけてあのテンションをキープしているんだ。更衣室のふたりを思い出すことで、目の前の男ふたりに抵抗した。

セックスする前から、女の演技ははじまっている

AV撮影

エロ本の付録DVDの中のオマケコーナーの撮影に参加した時のこと。AVギャルのマミちゃんの股間に、パンツの上からピンクローターを当てる役をやることになった。

「んじゃ、田房さん、マミちゃんにライトな感じでローター当ててください」と言われ、「うぃ〜っす」的なノリで当てた。私の姿は手以外映らない。

マミちゃんは「就活生」という設定だったので、灰色のスーツを着ている、ムチムチボディの19歳。八重歯が可愛く、ボ〜ッとした感じの子だった。

マミちゃんが自分のスカートをめくると、パンストの股部分が下がっていて、パンストの上からローターを当てても、振動が股間に届かない状態だった。ローターでグイグイとパンストの股部分を押してみるがパツパツに履かれたパンストは微塵も動かず、そ

んなことしてる自分のことがなんだか滑稽で笑いそうになる。

察してくれたのか、マミちゃんは「グイグイ」という感じでパンストをずり下げた。白い綿のパンツ越しに陰毛が透けて見え、その毛の多さにちょっと戸惑いを感じつつ、パンツの上からローターを当てた。どう考えてもこの当たり具合は気持ちイイはずがないというか、〝当たってない〟のだが、マミちゃんはすぐさまトロ〜ンとした表情を展開しはじめ、「あぁ〜ん」と吐息を漏らした。

その素早さに、ドキッとした。マミちゃんは仕事だから気持ちよくなくても気持ちよさそうにしているけど、もしこれがプライベートで、マミちゃんとふたりきりで行っている行為だとしたら……。なんか、コワイ……。

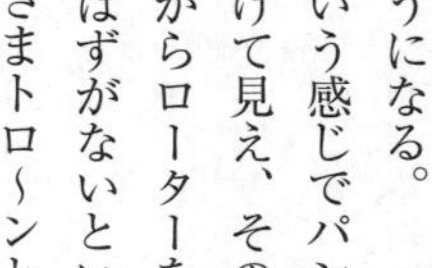
【カッチカチのパンスト】

私はAVを視聴する際、男目線で「女の子を性的に攻めている自分」を想像することがある。自分だったらどうやるかな、こうやるかな、とイメージしてみる。この日、生まれてはじめて女性にそういう行為（の真似事）をやってみて、「思ってたより結構……めんどくせぇな」と思った。マミちゃんみたいなムッチリした体積の多い女の子に対して、あれやこれやを施すことがめんどくさいと思った。「女の子にこうしたい！」

という欲求が相当ないと、実際やるのは難しい。しかし一般的に男性はそれがしたい、とされている。

フンガフンガと鼻息荒く女の子の体をいじくって、女の子が「あぁ〜ん」と言っていても、実は女の子はぜんぜん気持ちよくないという場合もある。そのことが怖い。私は女性器を持っているから、ローターがどのように当たらないと意味がないという角度がなんとなく分かる。「マミちゃんはいま、気持ちイイはずがない」とハッキリ分かる。だが、もし自分が女性器の気持ちよさを体感したことがない状態だったらきっとそれは分からない。マミちゃんの吐息をそのままの意味で受け取り、フンガフンガを更に激しくさせることだろう。「もしかしてそんなに気持ちよくないのかもしれない」と思っても、「本当に気持ちイイの?」なんて怖くて聞けない。だからもう、そこまできたらやるしかない。むしろ自分のフンガフンガに自分自身を投げ入れて、その流れに身を任せるしかない。

そんなセックス、私は「マミちゃん側の立場」だったら何度もやったことがある。その時の男側の感じって、こんなだったのかも……。

エロ本の世界で、感じてるのが「演技」かどうかと問われるのはいつも女のほうだ。

例えば男性読者から「彼女とのセックスが本当は気持ちよくない。いつも演技している。どうしたらいいのか」という悩みに応えてる記事なんか見たことない。そんな事で悩んでいる男性はこの世にはいない、というのがエロ本の世界観だ。セックスは相手のルックスが自分の性癖と一致していればいるほど、そして新鮮味のある意外性な相手ほど、気持ちがいい！　という前提であり、相手が演技しているかどうかは気にしまくるが、エロ本の中のその感覚は相手を気持ちよくさせたいというよりも、他の男との差をつけたい、勝ちたい、というものに近い。

そう考えてみると、自分が10代の頃、周りがセックスをしはじめた時、くわえ方とか握り方とか、みんな彼氏から教わっていた。女から男への施しは、まず男のほうからの「こうして欲しい」という要望からはじまるのが、習わし、ぐらいの感じだった。そして、セックスがはじめての10代の女から、男に対して「こうして欲しい」と言うなんていうのは概念すらなかった。まず、男のほうからフンガフンガとむしゃぶりついてきて、それに対応しながら自分の気持ちよさを探すという受動的な感じだった。そこに演技が存在するのは当然だ。男たちが「演技してるんじゃないか」という点にやたら心配しているのが謎だったが、それはセックスの前提として、「男の体については、男が知っている」「女の体についても、男のほうが知っている」みたいな法則、いや「知っているということにしておきたい」という願望が、男側にあるからじゃないだろうか。

男は特に10代後半、20代前半の頃は往々にして女に対して威張りたがるところがある。女よりも物知りで頭がよいことにしたがる。現実がそれと違う場合は、自己を責めるのではなく不機嫌になることで女側に圧を与え「すごい」と言うように誘導する。そういった特徴は男によく見られる。

女は、男のように思春期の頃からオナニーしたり自分の性器に興味を持つことを肯定されてこない。そういった背景と、男の「俺を物知りということにしておけ」という圧により、「女の体については男のほうが知っている」かのように女も振る舞ってしまう。

つまりセックスする前から、女の演技ははじまっているのである。

結局マミちゃんの気持ちイイところまで届いた実感が私にはまったくないまま、マミちゃんは〝果て〟、撮影が終了した。

DVD個室鑑賞

性的興奮と恐怖が2秒ごとにやってくる

「射精するための店」は風俗店だけではない。男には、「DVD個室鑑賞」というジャンルの店も用意されている。

「DVD個室鑑賞」とは、レンタルビデオ店のようにDVDが並んだコーナーで好きなDVDを選び、受付で借りて、個室に移動してそこで視聴できる、という店である。漫画を選んで個室に持って行って読むことができる漫画喫茶やインターネットカフェとシステムは同じだが、男性客の射精が前提となっているため、女性は入りづらい看板、ド派手な外装になっていることがほとんどだ。

昔から「個室ビデオ」などの名前で存在しており、男の憩いの場として現在はさらに勢力を伸ばし、首都圏を中心に2大勢力のDVD個室鑑賞チェーン店がある。

数年前、新橋のチェーン店の漫画喫茶（ネットカフェ）に行くと、店内にカーテンで仕切られた一画があり、その中はアダルトＤＶＤ貸し出しコーナーになっていた。各個室内にはティッシュが置いてあり「部屋を汚さないでください」と貼り紙がしてある。当時の私はそのチェーン店のいろいろな店舗に行っていたのだが、本来アダルトコーナーはないしティッシュも置いてない。深夜から朝まで滞在すると、どこの個室からかアダルトビデオの音とそれを慌てて消す音が聞こえることはあったが、新橋店の客層は堂々と個室内で射精をしたりするので、店が対応しているうちにＤＶＤ個室鑑賞的な店舗になってしまったのだろうと推測する。

２大チェーン店のうち、ひとつは女性は禁止だがもうひとつは「女性も大歓迎」と謳っている。新宿歌舞伎町だけでも30店ほどある中の１軒に、本書を担当する男性編集者と潜入した。

雑居ビルの入り口には、高さ１７０センチほどある巨大な看板が置いてある。黒地に黄色の文字が乗ったいかがわしい看板をぐるりとふちどるたくさんの電球がビカビカと点滅している。「女性大歓迎」と言われても、ひとりでは絶対に入れない。

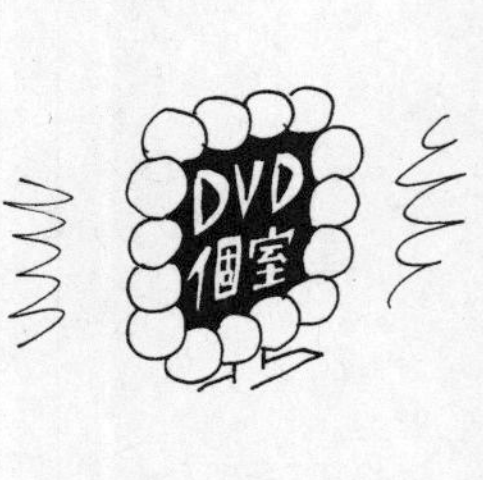

３階でエレベーターを降りるとすぐ受付があり、その奥はレンタルＤＶＤコーナーが広がっている。受付カウンターは店員の顔が見えないようになっていて、下のほうに空いた隙間から1時間６００円の料金を払い、「カゴ」をもらう。私が渡されたカゴにはイヤホンと伝票しか入っていなかったが、編集者のカゴには「ひまぱらやんぐHIMAPARA YOUNG　試供品」という文字と半裸の女の子のアニメイラストがプリントされたオナホールが入っていた。

さほど広くない店舗だったためか、夕方17時くらいでＤＶＤコーナーにはサラリーマンたちでぎゅうぎゅうだった。見た感じ、精悍な20代、みたいな男性はひとりもおらず、「くたびれた50代」というキャッチコピーが似合う感じの男性がほとんどだった。彼らは私の顔をチラ…と見るが、すぐに自分の作業（ＤＶＤ選び）に戻る。奥までいくと60代くらいの超熟女もの、スカトロものまであった。おじさんの中に紛れてＤＶＤを選ぶことを自分の体がどうしても拒否したため、入り口付近にあった「風俗アイランド‼」というＤＶＤを手に取った。

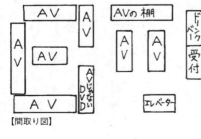

【間取り図】

私の部屋は6階で、編集者は4階の部屋だった。個室が並ぶ廊下を覗くと、ただドアがずらっとあって狭いカラオケボックスみたいだった。カラオケボックスと違うのは、ドアにガラスの部分がないことだ。中がまったく見えない。それが私には恐ろしすぎた。ひとりで6階に行って、指定された部屋に入る瞬間、もし後ろから誰か一緒に入って来られたら、個室内は狭いし逃げ場がない。漫画喫茶なら床も天井も空いているので声や物音を出せばすぐSOSが出せるけど、ここは完全密閉の個室なので声を出しても絶対に気づいてもらえない。しかも周りの部屋の人たちはほぼ全員イヤホンをしている。「女性大歓迎」と謳っているが、相当こわかった。利用している女性もいるのかもしれないけど、本当に危険だと思った。

恐ろしすぎるので部屋の前まで編集者についてきてもらい、ひとりで部屋に入った。壁一面を埋め尽くすほどの巨大なテレビがあり、リラクゼーション・チェアがある。もちろんティッシュがあり、使ったティッシュを入れるためのビニール袋、スリッパ、壁に取り付けられた内線電話には「インターホン注文可能　ジョークグッズ　お部屋まですぐにお届けします！」とオナホールなどの商品がプリントされたシールが貼ってある。ビールにカップラーメンやお菓子、靴下やパンツなどアメニティグッズと品数も充実している。部屋にあるファイルには新宿駅のすべての路線の始発終電時刻のプリントまで入っている気の利きようだ。

個室鑑賞に来た男を体感するべく、「風俗アイランド‼」をプレイヤーにセットした。2組のカップルが混浴温泉で手マンをする、というAVだったのだが、イヤホンをしていても恐ろしくて音量が上げられなかった。外部の音が聞こえない状態になったら、もし背後のドアが開いても気づけない。とにかく、こういう場所でアダルトDVDを観ている、ということが怖くて仕方なかった。

もしこの背後のドアが開いて、廊下を歩く男性客にアダルトDVDを観ているところを見られたとしても、その男に襲いかかられる可能性は低いと思う。だけど、どうしても怖かった。怖すぎた。ドアのカギが閉まっているか何度も確認した。目の前の大画面では感じまくって頬を赤らめ体をビクンビクンさせるAV女優。観ていると私の眼球と性器の毛細血管が充血してくる。だけど後ろのドアも気になって、性的興奮と恐怖が2秒ごとにやってきて、頭がおかしくなりそうだった。

私は、物ごころついた時からずっと「痴漢」とかそういうものへの警戒を余儀なくされていた。女ならみんなそうだとは言わない。だけど、こんな場所で安心して性器を出して性的に達成できるのは、男ならではだ。

恐怖に耐えられなくなり、編集者にメールして部屋の前まで迎えに来てもらえるよう頼んだ。

編集者によると、「DVD個室鑑賞」に行ったからといって必ず射精するわけではないという。仮眠のための利用も多いとのこと。なんて贅沢なんだろう。

この数週間後、仕事で渋谷に行った際、寝不足で眠くて眠くて仕方なかった。30分でいいから眠りたいと思い、女が気軽に仮眠できる店がないか、スマホで検索した。女性向けのメイクルームや着替え室、仮眠室もある女性が運営する店をひとつだけ見つけたのだが、だいぶ前に閉店していることが分かった。男には安価で安全にカギがある個室で仮眠できるところが、各駅ごとに大量にある。なのに女にはまったくない、ということに改めて愕然とした。喫茶店で寝るのもきついので、仕方なく女性施術者を指名できる足つぼマッサージ店をスマホで探し、40分コース3980円を払って睡眠をとった。

男たちには、若い女の子の体を触ったり、コスプレをさせたり、自分の尻の穴に浣腸してもらったり、拡張してもらったり、全身網タイツの衣装を着てもらったり自分が着たり、書いてきた理想のセックスの台本を女の子に読ませて指示通りのセックスをしたり、女物の下着を着て若い女の子に自慰を見てもらえたり、そんな場所が無数にある上に、さらに「個室でひとりでゆったりヌける、眠れる」という部屋までも用意されているのである。

女性用の「ＤＶＤ個室鑑賞」を充実させろ、という話ではない。ただこの事実を女の人たちに知っていてほしい。その一心である。

竜宮城風ガールズバー

フラリーマンの育児放棄に絶句

2015年当時流行し始めたド派手なガールズバーに潜入した。知人男性3名と一緒に入店した。全員アラフォーのサラリーマンである。

店内は常軌を逸した内装、爆音の音楽、だだ広い空間にビキニ姿の女の子たちがうじゃうじゃいる。この日は70名いたらしい。

1000円程度の料理をひとり一品頼まなければならないシステムだった。お好み焼きみたいな大きさのコロッケや、高さ30センチくらいあるポテトタワー、男性器に見立てて盛りつけてあるビーフストロガノフなど、バカ盛りな料理が4品も狭いテーブルに置かれた。そしてかわるがわる女の子がひとりずつ私たちの席に着席する。みんな無理をしすぎず、「普通」に話している雰囲気に好感を持った。ダンスショーでは舞台上のポールダンスを軸に、女の子がグルグル回る。竜宮城をテーマにしているらしいが、確かにそんな感じだ。非現実な空間に脳がぽわ〜んとしてくる。

10分くらいしか同じ女の子は座らないので、会話の内容は信じられないほど薄い。だが女の子たちはにこやかに楽しそうに振る舞ってくれる。

何人目かの女の子、ストレートな黒髪でつり目のその子は、着席したとたん「いただきま〜す」とスプーンを手にとり、ビーフストロガノフをジャバジャバと口に流し込みだした。私の知人から何か質問され、それに答えながら、ジャバジャバジャバと食べ続ける。目線はずっとビーフストロガノフを見ていた。

そのあと、女性用トイレに入ると劣悪な設備の婦人科みたいなにおいが充満していてびっくりした。巨大なサニタリーボックスのふたが開けっ放しだった。あとで女の子が「汚かったですよね？　お店の子もみんな使うから」と言

ってきた。

やがてダンスショーがはじまると、3人は「あの子が一番いいよな」「だよな」「俺もそう思ってた」と、コショコショ話し出した。70名の女の子の中で、3人の心を射ぬいたたったひとりの女の子。それは、くるくるの巻き髪と笑顔がキュートな子ではなく、店の片隅でリズムに合わせて黙々とポールダンスをする、体にタトゥのあるショートカットのクールな女の子だった。ショータイムが終わり、その女の子がポールから降りると3人が喋り出した。

「淡々としてるなぁ。あれはプロだよ。いいな。俺、あの子としゃべりたいわ」

「席にはつかない子なんじゃない？　ダンサーなんだよ」

「そうだほら、座ってないもん。ダンスだけのバイトなんじゃない」

「ますます、いいなあ」

うっとりしながら3人は、ショートカットの子を見つめていた。

竜宮城風ガールズバーの料金はひとり8000円程度だった。店を出て、私はどうしても腑に落ちないことを3人に尋ねた。

「ビーフストロガノフ、あれはいいのか」

すると「ああ、そういえば食べてたね」「おなか空いてたんだろうね」「そんなことあったっけ?」と言う。確かに彼らはあの時、ぽわ〜んと楽しそうな顔をしていた。

「あの子が『これ食べたい』と私たちにビーフストロガノフをねだって注文したなら分かるけど、そうじゃないのに当然のように急に食べはじめたのがものすごいびっくりした」と私が言うと、男たちは「そうかもねえ〜」「でも、ああいう店で客が注文した料理を女の子が断りなく食べるのってあるよ」「あるある」「うん、普通のことだよ」「どうせ余るし、むしろ食べてくれてありがとうって感じ」と口々に言った。

そういうもんなのか。もしあの場が合コンとか会社の忘年会だったら、みんなで頼んだ大皿料理を自分の前に引き寄せてジャバジャバと汚らしく食べる女の子、絶対アウトだろう。でも「ああいう店」の従業員だとOKになる。男たちは急激に心が広くなる。女の子たちもそれを理解して、それに沿って言動を変えている。

私はその感覚について考え込んでしまった。例えば男性従業員が席につくお店に行って、女友だちと食べきれないほどの料理を頼む。その従業員が挨拶もなく当然のようにその料理を食べ出したら。私はやっぱり仰天する。私の女友だちもきっとギョッとして、お互いに顔を見合わせるだろうと思う。その状況で自分が男たち3人のように「え?

食べてたっけ？」と思うなんてことがあるとしたら、その相手（従業員）は人間ではなく犬とか猫とかの動物の場合でしかあり得ないと思う。

彼らはきっとポールダンサーしかいないショーで、あのショートカットのダンサーを見てもそこまで心躍らなかったのではないかと思う。あのたくさんの従業員（自分とは違う生き物）の中に唯一「人間の女」を感じたから、ときめいたのではないだろうか。

その後移動し、居酒屋に入った。男のひとり（W氏）が、「最近、洗体《せんたい》にハマっている」と話し出した。「洗体」とは、寝たまま体を洗ってくれて、マッサージのあと射精サービスもある、近頃流行している風俗店のことである。１回あたり１万２千円くらいが相場だと言う。

W氏には、妻と、３歳と０歳の子どもがいる。妻にはバレないよう日頃から綿密に、徹底的に、〝土壌〟を作っているという。毎日終電で帰らなければならないほどの激務であるということを妻に信じ込ませることにより、仕事が夜６時で終わっても夜８時で終わっても、終電で帰ればいいという日常を彼は設計し、実行している。０時の終電で帰れば、それまでの５、６時間のあいだは男友だちと飲みに行けるし、洗体にも行ける。

意気揚々と話すW氏を見て、憤慨しすぎて震えそうになった。W氏とは初対面だったのもあって「じゃあ、奥さんはいつも子育てをひとりでやってるんですね」とやんわり尋ねると、W氏は「え？」という感じで、私から言われてはじめて「自分が帰らない終電までのあいだ、妻がひとりで育児をしている」ということが、何か「いけないこと」だと知ったかのような表情をした。そしてさっきよりも強い口調で「俺は本当に苦労して、毎日『根回し』を頑張ってるんだよ⁉」と笑いながら主張した。「根回し」というのは、「終電まで仕事をしているわけじゃない」ということがいろんな方向から妻にバレないように調整しておく、という行為のことらしい。彼は自分の罪、つまり妻に対しての後ろめたさは「2か月に一度、ソフトなジャンルの風俗に行くこと」だけだと感じているようだ。「洗体」は女性の体を触ったりいじくったりはせず、単純にマッサージの延長で射精を手伝ってもらうという店なので、セックスとは遠い、という意味で「ソフトなジャンルの風俗」だという。だから浮気でもないしそれほど自分は悪いことはしていない、ということを大きな声で主張する。「洗体」は体を洗ってもらう場所なので、「ボディーソープのにおいでバレるのでは？」と問うと、「ああいった店は徹底しているから無香料を使っている」と言う。「自宅の最寄駅の洗体を利用している」と言うのでビックリして「もし、保育園のママとかに店に入っていくところを見られたらどうするんですか?」と聞くと「焼き肉屋とかも入ってる雑居ビルだからなんとでも言える」と言い切った。とことん強気すぎるW氏。小綺麗なルックスなので「モテそうですね」と言うと、「洗体でも、俺みたいな感じの人は来ないみたいでさ、中国人のオーナーのママに気に入られてさ、洗体してくれる女の子も誘ってくるから本番させてくれるんだよね」と言う。本番とは、挿入のことである。「は? セックスしちゃってるってことじゃないですか」「そうそう、相手が誘ってくるからね。俺は何も言わないよ、向こうが俺のこと好きみたいでさ。その子にあたると必ず本番するね」「セックス禁止のソフトなジャンルの風俗」に行ってるだけだから俺は無罪だ、ということを言ってたのに、そこでセックスしちゃってるんじゃないか。

妻が妊娠中から洗体に行っているW氏。その頃から妻とのセックスは一切ないという。「子どもが出てきたアソコは怖い」という理由で妻からのセックスの誘いは拒否している、と「経産婦のアソコ」に怯えながら言った。

W氏の一番の重い罪は、帰宅時間をちょろまかしていることではなく、妻を裏切っていることでもなく、本番禁止の店でセックスしていることでもない。日常的に育児を放棄していることである。だけどそこには無自覚なW氏。彼のおろしたてのように美しく高そうなニット、流行の七三にキッチリと整えられた髪、日常的に自分自身へとても手間暇かけていることが窺える。とてもモテてきた、という過去も嘘じゃないだろうと感じた。

「奥さんにも、女でいて欲しいからさー。絶対やなの、所帯じみるのが。だから奥さんにも服や髪はいつもちゃんとしてねって言ってるの」

この世の中は、W氏みたいな男を中心に回っている。

おっぱいパブ

男たちは何を求めて風俗へ行くのか

本書のための取材として知人男性K氏に話を聞いた。30代後半のK氏は1年前に彼女と別れたという。

「性欲の処理のほうは、どうなさってるんですか？　お店とかに行かれますか？」

「風俗ですか。5、6年前は利用していたんですが、最近は行かないですね」

K氏は天を仰ぐようにその端正な顔を上げ、黙って何かを思い出そうとしていた。

「あ、一度、仕事の人とおっぱいパブへ行きました」

女である私が男に同様の質問をした際、この「仕事の人とおっぱいパブに行った」は返ってくる確率が非常に高い、ポピュラーな返答である。

「おっぱいパブ」とは、男性客と女の子が1対1でお酒を飲み、おしゃべりをする。しばらくすると「ハッスルタイム」の号令がスタッフよりかけられ、照明が淫靡なものになり、女の子は男性客のひざの上に座り、下着をつけていないおっぱいを露出する。そのおっぱいを揉んだり、乳首を吸ったりできるという、普通で考えたら異常すぎる空間を提供する店のことである。

「生のおっぱいを見たり触ったりすることが、1年ぶりだったんで、単純におっぱいに感動しました」

K氏は普段のトーンを崩さずにおっパブの感動を語った。

「おっパブは、女性器を触ることもできるんですよね？」

「僕は触りませんでしたけど、触っても大丈夫だと思います。店によってもルールが違いますが、女の子が嫌がらない範囲ではたいていの店で許されると思います」

おっパブの特徴としては、仕事相手の人たちと、２軒目、３軒目のカラオケ感覚で入店できることである。あくまで「おっぱいを触れるキャバクラ」であるだけで、そこで股間が辛抱たまらなくなっても、射精するサービスはない。

「少し距離がある人」と敢えて一緒に行くことにより、生のおっぱいを目の前にした時の表情や動作をお互いに見合い、見せ合い、からかったりふざけたりしやすい空気をつくって親睦を深める。わざとむしゃぶりついて笑いをとったり、緊張して乳首をさわっているところを笑いあったりするという。「射精サービス」がないため、仕事相手とも行きやすいようだ。

つまり「おっぱいが揉みたい」わけではなく、男同士のコミュニケーションの場所として機能している。言い換えれば、男は同性とのコミュニケーションを図るためにわざわざ女の体を必要とするということである。普通のキャバクラじゃ物足りない、カラオケじゃいまいち、そんな時に活用されるおっパブ。珍しいものではなく、繁華街にたくさんある。

女にもしそういう店があったら、と考えたい。

例えば若い男の子の乳首を触って、「勃った」と言ってはしゃいだり、男の子の乳首を真剣に舐めている友だちや仕事仲間の女性を見て笑ったりできる店。女、35歳にもなれば、誘ったら一緒に行ってくれる友だちが10人近く浮かぶ。

しかしいま現実にあるとして、今日の夜に行って若い半裸の男の子を目の前にしたとしたら。私はきっと「男の子がかわいそうだ」と思ってしまう。自分の友だちのことを気にするよりも、「男の子、はじめて会った私に乳首いじくられていやだろうな」としか思えない。はしゃげない。

もしおっぱいパブのように乳首パブを成立させるには、性産業だけではなく、政治経済、教育、育児、全ての業界の男女観がゴロッと変わらない限り無理だと思う。一〇〇年かけて乳首パブのために社会を変えようとしても達成は難しいのではないだろうか。

それが男の場合は歴史が長いため、すでに完成されている。「この女の子も仕事でやってるから」という割り切りの感覚を、男は小さい頃から大人の男たちから感じ取り学んでいる。男は「娼婦」的女性と「自分の妻・娘」的女性を、別のものと分けて考える傾向が強い。本人はそんなつもりはなく、気づいていない場合も多いが、「娼婦」と「普通の女」を分けて考えるのは、そうしないと自分に罪悪感が溜まってしまうからだと私は考える。

罪悪感が溜まるとどうなるか。おっパブに行っても女の子に遠慮してしまっておっぱいを揉めず、男たちから「ノリが悪い」とされてしまう。

男がひとり、男たちから外れてしまうことは社会的経済的に取り残されることを意味し、ゆくゆくは生命の存続など様々な危機を孕んでいる。そのために普段から「娼婦」と「普通の女」を分けて考え、「娼婦はこの仕事を自ら望んでいるから俺はそれを客として利用しているだけだ」と考える必要があるのではないだろうか。

後日、別の男性におっパブについて質問すると、

「コミュニケーションツールとして利用するのと同じくらい、単独で楽しむ人も多い。口説けばこの先もできるかも、という期待感を楽しめます」

とのことだ。そうですか……。

もしかして「仕事仲間とおっパブ」は、知人女性から風俗について聞かれた時の無難な返答として使用できる隠れ蓑なのかもしれない。

第2章　セックスに誘う男たち

富裕層スワッピングパーティー

「俺の女、べっぴんだろ。体の反応もスゲエんだぜ」

カップルが集まって、各々のセックスを見たり見せたり見られたり、別のカップルの男性に触ったり触られたり、時には相手を交換してみたり。そして2つのカップル、計4名で絡み合ってみたり。

そんなセックスの楽しみ方が、この世には存在する。そうやって楽しむ人たちのための会員制パーティーに、男性編集者とふたり、カップル客のフリをして潜入した。その時、私は25歳だった。

都内の高級マンションの一室で、それは毎日行われている。億単位で取引されているであろう、セレブな外観のマンション。木製の自動ドアが開いて中へ入ると、エントランスロビーは全面、大理石。ラグジュアリーなじゅうたんが敷かれたエレベーターに乗って、最上階に降り立つ。だだっ広い玄関。ああ、これが億ションか。

私の任務は店内の様子を漫画にすることだが、お店の決まりなので、バスローブに着替えた。ここはカップルで入るという前提のお店なので、カップル1組ごとに、バスルーム（洗面脱衣所）で男女一緒に着替えなくてはならない。男性編集者が着替える横で、着替えるのが本当に嫌だったが頑張って私もバスローブになった。

東京の夜景が一望できる、「天下とったで感」を最大に味わえるリビングに通される。他のカップルは誰もいない。そこで「プレイルーム」と名づけられた部屋へ行くことになった。いわゆる「プレイ」するための「ルーム」である。どんな異空間が広がっているのか……。入ってみると、6畳ほどの狭い普通の部屋だった。赤い布団が敷き詰められ、妖しい色の照明に照らされながら、2組のカップルが蠢《うごめ》き、お股をいじくりあって、アノ声を出していた。

それまでも、ハプニングバーの取材で何度か他人のセックスを目の前で見たことはあった。ハプニングバーは住居ではないし、内装も派手にしてあるし、天井も高い。5メートルくらい離れて覗くという感じで、どちらかというとAVを観ている気分に近かった。だけど今回は、近い。近すぎる。

「おちんちんさわっていい～？」「なめてあげるよ……」

そんなセリフが「ジュパジュパ」という水分を含んだ音と共に、室内を飛び交う。

私は恐怖を覚え、ガチガチに固まってしまった。手を伸ばせばすぐに触れる距離で、行ったり来たりする見知らぬ人の尻や肌。向こうからも手を伸ばせばこちらの体に届いてしまう。

しかし、彼らの会話をよく聞いてみると、

「こうしていい？」「え～、タマ派なの？　カリじゃないんだ、分かった、タマタマ舐めるね」

やたらと相手の好みを聞いて、コミュニケーションを巧みにしていた。話しかけているのは男ではなく女のほうというのが気になった。

チラッと彼らを見ると、4人が数珠繋ぎになって股間をナメているという、官能というよりはマヌケな状況になっていて、少しだけ緊張がほぐれる。しかし相変わらず心は

かたく閉じたまま、絡み合う男女たちがいる赤い部屋の隅っこで、私は体育座りをして、20歳頃から急に外反母趾になった自分の両足の親指を眺めていた。その左右に開いてしまった親指同士の角度が一体何度なのか予測する。「30度くらいかな」。私は親指に思いを馳せた。必死だった。無意識に現実逃避することで、何かを防衛していた。

同行した男性編集者は、私と並んで体育座りをして、男女たちの絡みを食い入るように見つめていた。そして体育座りのまま、尻を軸に、前後左右にグラグラと落ち着きなく動いていた。そんな、普段一緒に仕事している男性の欲情シーンを目の当たりにしても、不思議と平気だった。目の前でもっとすごいことが起こっているので。ただ、その男性編集者の手などが私のほうに伸びてくることに関しては、最大限に警戒した。伸びてくる気配はなかった。しかし数珠繋ぎの人たちは、私たちに「脱ぎなよ～」「やりなよ～」「なんでやらないの～」などと声をかけてくる。その声に「何しにきてんのアンタら」というイラ立ちがこもってきたことを感じ、一旦、リビングに移動することにした。

「他人のセックス見て、濡れましたか？」

ラグジュアリーなボイスとスマイルでそう聞いてくる、スタッフの男性。「ええ、まあ。ふふ」と明るく受け答えできる、そんな麻痺空間に私はいた。プレイルームから出てきたカップルを見たら、すべて男は社長風の60代くらいの団塊オヤジと20代の可愛い女性という組み合わせだった。

スワッピングパーティーは、本当に、心の底から「自分のパートナーが他の人としているところが見たい」とか「他の異性としているところをパートナーに見られたい」とか、そういう欲求を共有しているカップルが集うところだと思っていた。だけどこの会員制スワッピングパーティーは、射精や身体的悦楽はあまり重視していない、お金持ち特有のゆとりある遊び場、だったのかもしれない。「俺の女、べっぴんだろ。体の反応もスゲエんだぜ」という、見せることのできるものを「持っている」者たちの集う場。そう考えれば、あれだけ女の子たちが相手の性感帯などに気を配っていたことのつじつまが合う。

無論、私のパンティーがその店の床に落ちることなく、早々と取材を切り上げ、スワッピングパーティーをあとにした。

帰り道、先ほど尻軸運動を行っていた男性編集者が、

「僕たちの右側に、髪の長い女の人いたじゃないですか。僕、あの人とやりたいなぁ〜」

と言う。その女性は確かに妖艶だった。

「今度、彼女と来ればあの女の人ともやれるんじゃないですか？」と返すと、「彼女をこんなとこに連れてきたら、たぶん引くだろうなあ」と言う。「誰か一緒に行ってくれる人いないかな」とか言ってるので、「行ってくれる人見つかるといいですね」と返した。

編集者は続けて「でも、あんまりブス連れてっても、周りの人に悪いよなあ」と言った。意味が分からなかったので聞き返したのだが、つまり「俺のこんな上玉の女抱かせてやってるのに、おめえの女ブスじゃねえかよ、損したぜ。と思われたら悪いから、なるべくこちらも上玉を用意して行かなければならない、それがマナーだ」的な、男視点の発想だった。

〝健康な〟男たちはいつでも、自分を軸にものごとを考える。ヤリマンの話をすれば「俺もやりたい」と口に出したり、「ヤリマン＝当然俺ともセックスする女」と思って行

動し、ヤラせてくれないと怒る。男の同性愛者の話をすれば「俺、狙われる。怖い」と露骨に怯えたりする。そこに、「他者の気持ち」「他者側の選ぶ権利」が存在することをすっ飛ばして、まず「俺」を登場させる。そのとてつもない屈託のなさに、いつも閉口させられる。理由は、「だってヤリマンじゃん」「だってゲイじゃん」のみ。

自分が「男」という属性に所属している限り、揺るがない権利のようなものがあると彼らは感じているように、私には思える。それは彼らが小さい頃から全面的に「彼らの欲望」を肯定されてきた証しとも言えるのではないだろうか。

逆ナン部屋

「女」というだけで、女扱いされる

「逆ナン部屋」というのは、ネットのツーショットチャットのリアル版のような、出会いを提供する店舗のことである。「出会い喫茶」と呼ばれることもある。

私が潜入した2006年当時はまだ東京に数店しかなかったが、その後爆発的に数が増えた。同時に未成年の利用、援助交際をする際の有効なツールとして使用する客も増え、事件が多発しているのでニュースでもよく耳にする時期があった。

「出会い」を売りにしたお店は、個室の中で男性客が女性客を待機するスタイルと、女性客が男性客を待つ、というタイプのものがある。どちらも表向きは「出会いを求める女性客が自発的に来ている」ということになっていた。池袋にある後者のほうの店に潜入した時のこと。

全身ヒョウ柄の服を着た髪の毛がバッサバサの受付の女性が「いらっしゃいませ」も

なにも言ってくれず怪訝《けげん》そうな顔で見るので、「あの……女、ひとりです……」と言うと「は?」と言われた。「え、あの、利用できないんですか?」と聞くとヒョウ柄の女性は「どこから来た」とか「誰の紹介だ」みたいなことを専門用語で聞いてきて、ワケが分からず「えっと、あの、客で来たんです。お金を払う側です」と言うと「だぁら、何しに来たんだらぁッ! 帰れぇぇ!」と怒号を浴びせられ、震え上がって店を走り去った。おそらく、この店の女性客は紹介制のみなのか、サクラだけなのか、法律を違反しながらの営業をしていてオトリ捜査的なものと思われたのか、とにかく普通の女性客が来るような店ではないので追っ払われたようだった。

別の、新宿にあった個室で女性客が男性客を待機する店は、問い合わせるとそのまま「面接」することになった。マンションの一室を、簡単なカーテンとベニヤ板で仕切り狭い個室がたくさん作られている。各個室にはベンチの上に布団を置いたようなモノがある。

その上に店長の男性と隣同士で座り、勤務するにあたっての説明を受けた。基本給が700円で、ひとりの男性客を30分以上個室内にいさせることができたら10分ごとに200円加算とか、とにかく細かい。男性客はその店の滞在時間の長さで料金を払っているので、店としては、女の子にがんばってもらわなければならない。

しかし風俗店の営業許可をとってないので、エッチなことをするのは絶対NG。2時間居させることができればボーナスが出ると言っていたが、はじめて会った人とこんな個室で2時間もトークがはずんだら、それはもはや運命の相手だから結婚していいと思う。成果を挙げられればそれなりに稼げるが、男性とのトークに相当な自信がある人以外にとっては過酷なアルバイトに思えた。

そういった「女性客」が実はバイト、というお店もあるが、今回書く「逆ナン部屋」は〝性欲が溜まった女性が自主的に来店し、男性を逆ナンするのに利用するスポット〟として当時話題になっていたお店だ。

場所は新宿駅から15分程歩いた場所にある雑居ビル。まず、男性客はプロフィール表に記入する。

ハンドルネーム、身長体重の他に、「大きさ　マツタケ・シイタケ・エノキダケ」「持

久力　長い・普通・短い」という欄があり、どれかにマルを付け、出会いに関する重要項目をあらかじめ伝えておくことができる。

「彼女・友達・飲み友達・セフレ・わりきり・SM相手・その他」の欄もある。男性は、プロフィール表に顔写真を付けることが必須となっている。

そして、そのプロフィール表をスタッフの人が掲示板に貼り、男性はひとりずつ個室での待機を開始する。

女性客もプロフィール表に記入する。私も記入した。

名前　あかね（取材の時使っている偽名）

身長　155センチ　体重　59キロ　年齢　26歳（ガチンコ勝負）

趣味　漫画を読むこと（ガチンコ勝負）

好きなタイプ　優しい人　嫌いなタイプ　臭い人（他の人のプロフィールを見たらみんなこう書いてあったのでマネした）

性癖　特になし・露出・オナニー・S・M・乱交・匂い・その他（私は「匂い」にマル

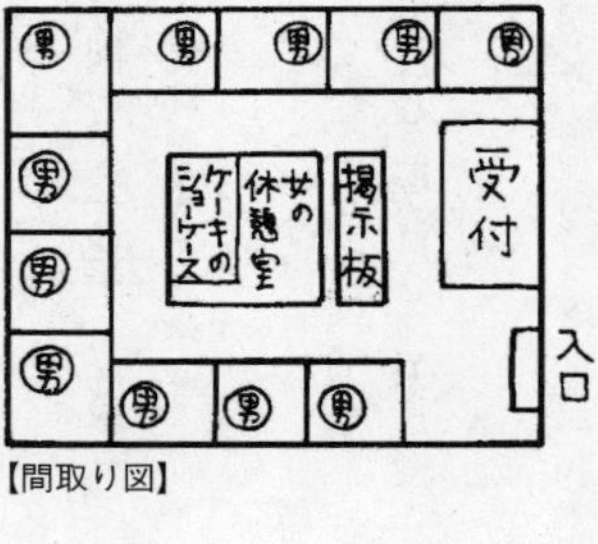

【間取り図】

を付けた。実際、匂いは苦手だ。それにしてもオナニーは性癖なのか）
探している相手（私は「友達」にマルを付けた）
そして、女性のプロフィール表も、男性のプロフィール表に貼り出される（女性は写真を貼らなくてもよい）。
これで準備はオッケーだ。あとは男性のプロフィールを見て好みの人を選び、その人が待機している部屋を訪ねる。男性プロフィールには部屋番号が書いてあるので、そのままGO！　である。
ちなみに、部屋に入って気が合えばそのままふたりでホテルに行くのも可能だし、相手が嫌だったら「他の人とも話してみたいので」という常套句を使い、退室することも可能。店内は明るい照明で清潔感があり、卑猥な感じは一切せず、電気を点けた状態のカラオケボックスの個室のようだった。
女性が訪ねて来てくれないと男性は待ちぼうけで、その時間も、1時間半6000円程度の料金が発生する。やはりプロフィールの顔写真が大きなカギとなるようだ。
ちなみに女性の支払う料金は1000円。にもかかわらず、女性待機室にはケーキやお弁当が用意され、無料で食べることができる。数十種類のマニキュアやたくさんの女性雑誌が置いてあり、それらも使い放題見放題。何時間いても男性と知り合ってホテルや食事に行っても1000円ポッキリだ。

私が行った時、女性客は3名ほどだったのだが、男性が待機している個室は満室で、店外で4人の男性客が行列をつくって順番を待っているという盛況ぶりだった。

私は、店員に「この方は常連さんです」と「良介さん（32歳）」を薦められた。お店には取材と言ってあるが、お客さんには普通の女性客のフリをすることになっていた。「良介って人と、何話せばいいんだよ……」と思い緊張したが、とりあえず良介さん（シイタケ・持久力長め・友達募集）が待つ個室のドアをノックすると、中から「どうぞ」と低い声が聞こえる。軽い作りのドアを開け、良介さんとご対面。「どーもー」と私が言った瞬間の、私の姿を見た時の、良介さんの、明らかにガッカリした、落胆の、表情……！

あまりに露骨だったので、笑いそうになった。しかし私が仕事ではなく、本格的に出会いを求めて訪れていたら、あの場で泣き崩れたことだろう。そんな表情だった。

しかし無理もない。私は今日こういう取材だというのに、ダボダボで腕の内側のよくこすれる部分に毛玉が発生した紺色のジャケットにジーパンで出向いてしまっていた。

こういったお店では、あまり出会いたくない種類の女であったことだろう。

初対面の人と落ち着いて話すことが苦手な私は、いつもこういった取材先では元マラソン選手の松野明美のような「あしゃしゃしゃしゃ！」なテンションでその場の対応をしているのだが、この時も松野明美テンションで入室してしまった。

良介さんの部屋に入る前、スタッフの人から、「入ったら、たぶん男の人から話しかけてくれますから」とか「たぶん、エッチのお誘いがあると思いますが、嫌だったら出ちゃってください」と言われていた。

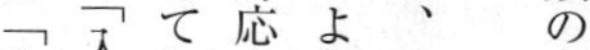

【あしゃしゃしゃ！なテンション】

しかし、良介さんの隣40センチの距離に座ってみたが、彼は私に向かって一瞬、苦虫を噛み潰したような表情を見せたきり、無言でテレビのバラエティ番組に目を向けていた。

私もどうしていいかわからず20秒ほどシ～ンとしていたが、出て行く様子のない全身紺色の松野明美に観念したのか、良介さんは「今日、何回目？」とやっと口を開いた。

私は松野明美をキープした。というよりむしろ松野明美じゃないと話せなかった。まったく何も共通点がない良介さんについて知っていることと言えば、「チンポコがシイタケサイズ」ということくらいだ。良介さんの顔をよく見ると、セーターを肩にかけていた頃の辰巳琢郎に少し似ていて、どちらかといえばハンサムだった。

私「今日、まったくのはじめてなんですよ〜。ええ〜。友だちに誘われてね、友だちに〜ここはよく来られるんですか？」

良「んー。月に3回くらいかなー」

私「どうですかー。どんな女の子いますかあ〜」

と、すぐにテレビに目を向けようとするやる気のない良介さんにすかさず質問を投げ続けた。完全にインタビューになっていたが、私のほうもどうしたらいいか分からないので質問し続けた。

「女の子とはどんな話をするのか」と松野明美テンションで訊ねると「んー、まあ世間話とか、女の子の愚痴聞いたり……あと、エッチな話だよね」と言った。

私「あ〜エッチな話、いいですねー」

良「好きなの？　エッチは？」

私「え、ああ。下ネタは大好きですけど、エッチ自体は普通ですね」

良「ふうーん。仕事何してるの？」

私「ＯＬです。事務です」

良「ふぅーん」
私「ここで知り合った人と、実際ホテルに行ったりするんですか？」
良「んーまあ、そういうこともあるね。君は？　出会い系とかやるの？」
私「あ、私テレクラやったことありますよ。29歳だっていうから会ったのに、来たのはどう見ても50歳のおじさんだったんですよ！」

そうやって、仕事で体験した出会い系の話を続けた。15分経過していた。「女のオナニーについて」や「女性向け風俗」について、私がこれまで考えたことを良介さんに発表し、良介さんの意見には、手を打って「そうなんです！　わかってる男性もいるんですね！」とオーバー気味にリアクションしてみせた。

すると良介さんはいつのまにか笑顔になり、こちらに身を乗り出していたのである。そして、「ちょっと、もうちょっとこっちへおいでよ……」と私の肩を触り、音量を落とした優しい声でささやいてきた。

こんなセフレを探すような場所で下ネタをベラベラと話していれば「ヤレる」と思われるのは当たり前なのだが、20分前にはこちらに一瞥もくれなかった人間が寄ってくるという、単純なゲームとしては、「勝った！」という気持ちが否めなかった。

だが、もちろん良介さんとヤルわけないし、良介さん自身がノッてくればくるほど、早く外に逃げ出したい気持ちも強くなった。時計を見てそろそろ出ようとすると、

「どうすると、感じるの……？　教えて……？　性感帯はどこ……？」

と言ってくる良介さん（シイタケサイズ）。そこで私は、

「え！　あっ！　そっすね－！　性感帯はチクビっすかね－！　ええチクビっす‼　チクビっすね‼」

と、MAX松野明美で対応した。

男性が欲情してしまい、それから回避したい場合、松野明美が一番効果的である。できるだけ大声で抑揚をつけず、体の動きは大げさに、元気よく一気に早口でまくし立てるのである。同じフレーズを繰り返すのも効果的だ。

ここで、「えっ⁉」とか言って顔を真っ赤にしてうつむいたり黙ったり、「せいかっ……⁉　な、何言ってるんですか⁉　も、もうッ」とか言ってプイとかしたらそれは最早「OK」と伝えているのと同じような気がしてこわい。私は絶対にそうならないよう自分に松野明美を徹底させていた。

しかし、私の松野対応に良介さんは負けなかった（1時間半6000円も払ってる

し！）。

「乳首かぁ……。乳首……どうされると感じるの？　教えて？」

吐息まじりのセクシーボイスでティーチ・ミー攻撃を開始。

私「まあ、普通ですよ、普通にされればね！　ええ！」

良「ソフトタッチみたいに……？　こう？」

といって私の耳を触ろうとしてきたので即座に避けた。

私「今日は急いでるんで、また来ますんで！　ええ！　いついるんですか⁉」

良「そんなに来ないよ。今日じゃないと」

契約を煽《あお》る不動産屋のように「今すぐSEX」をアピールしてくる良介さん。ヤバイ、もう既に良介さんのシイタケは膨張し、収穫時期に到達しているのだろうか。

正直なところ、私は少しドキドキもしていた。松野明美で回避しながらも、分かりやすく〝メス〟扱いされたのが、

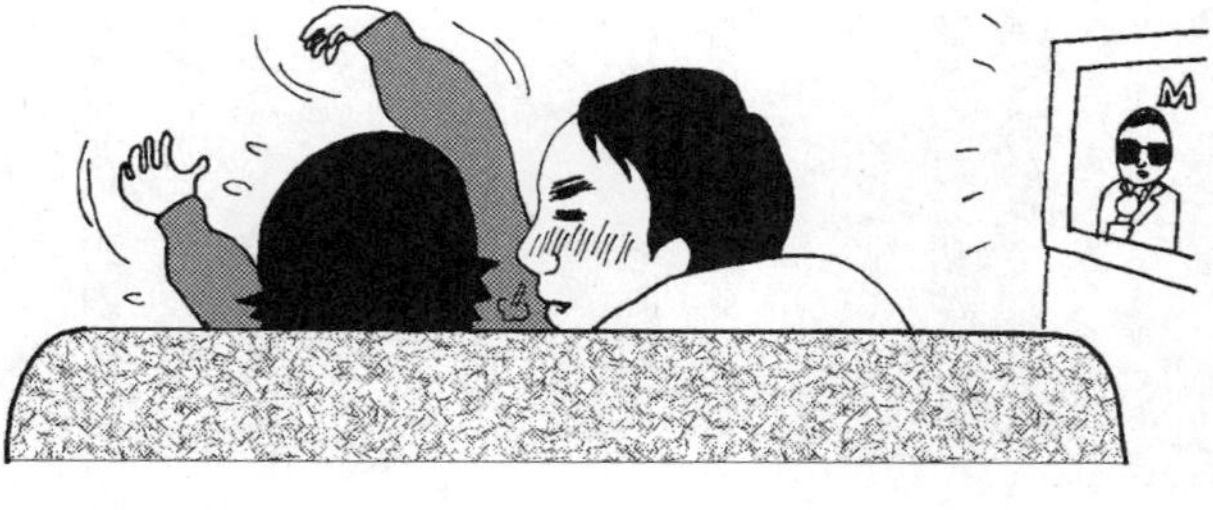

面白かった。

逆ナン部屋は「相手を欲情させるゲーム」として楽しむ人もいるだろう。店内だから安全だし、話し方講座に通うのと同じくらいの効果が養えるんじゃないかと思った。プライベートで来ようとは思わないけど、通う人がいるのも分かる気がする。帰り際、店内に女性客が2名増えていた。彼女たちは20代後半から40代に見えた。

新宿の交差点でひとり、私はご機嫌だった。

モテるタイプの女ではない、と自分で自分に判定を下し、生きてきた。いや「男にモテる女」になる努力をしないことで自分の身を守ってきたのかもしれない。とにかく、そういったモテるモテないという問題から目を逸らしたくて、男性の前でエロ話などをして、中性的なキャラクターを振る舞ってきた。

そんな、普段なら「女を捨てている」と表現されるようなタイプであっても、「女」というだけで、女扱いされるというのが出会い系の大きな特徴のひとつだ。私は、良介さんに口説かれて、嬉しかった。喜ぶようなことではない。そう頭で分かっていても、お店を出てひとりで歌舞伎町を歩きながら、顔がニヤけてしかたがなかった。

出会い系はたぶん、最後まで素性を知られないようにするのが前提であり、海綿体の血流は激しくさせても、心は冷たく閉ざしたまま、行為だけを済ませるのが目的の関係であると思う。私と良介さんの身体非接触な25分間の間、15分経ったあたりで良介さんが身を乗り出して私の話を聞きはじめた時、明らかに血が通った感覚があった。「道を行き交う知らない人」から「知り合い」になった。それが楽しかった。

良介さんがもし、あのお店で女と出会い、お金を払って「道を行き交う知らない人」のままセックスをしていたら、なんだか悲しいと、ちょっと思う。

20歳以上サバを読んでる人との会話は大変

自称29歳のテレクラ男

「いまどきテレクラする男ってどんなヤツ？」という取材をすることになった。

阿佐田《あさだ》さん（仮名）という29歳の編集長がひとりで作っている潜入系の雑誌での仕事だった。2005年当時、潜入系の雑誌が流行っていて、各出版社が毎月のように潜入系雑誌を創刊させていた。新しい雑誌を見つけるたび、奥付に「漫画家募集」と書いてあるかチェックした。この阿佐田さんの雑誌の誌面募集を見て応募して、潜入モノの連載をさせてもらえることになった。第1回は「靖国神社の遊就館」に行くというもので、第2回がなぜか「テレクラ」だった。

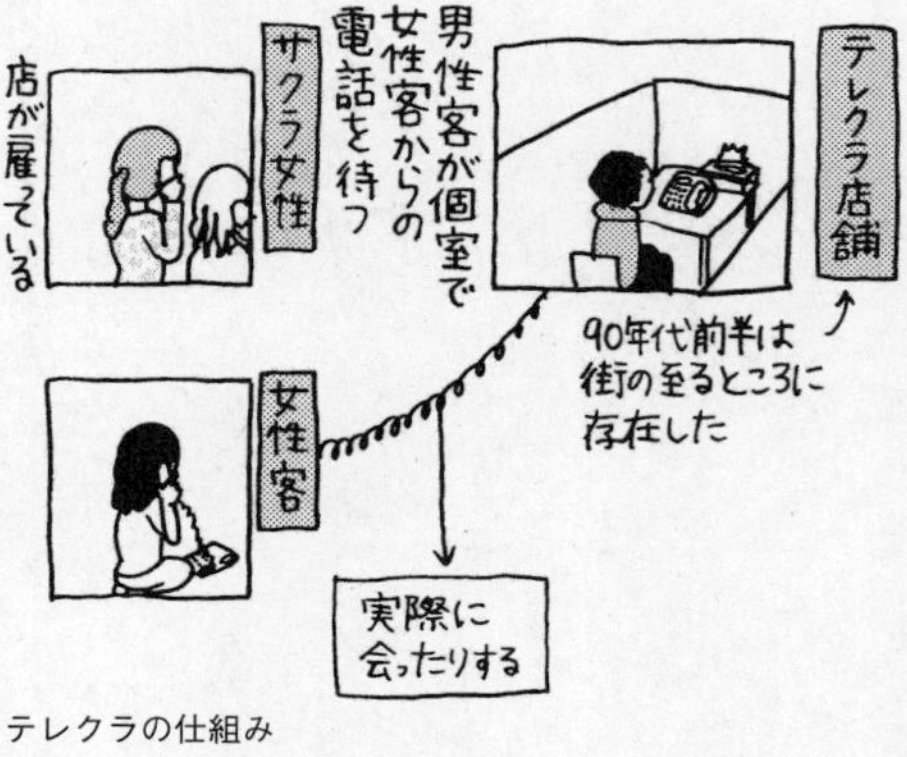

テレクラの仕組み

実際にテレクラに電話して、「29歳サラリーマン」という男性と、待ち合わせのメッカである西武新宿駅前で待ち合わせすることになった。

今回の取材は阿佐田さんが一緒についてきて、私に危険がないか見張ってくれる、ということになった。

阿佐田さんは色黒で少しだけモチッとした体格で、野性的な感じだけど物腰が柔らかい、という男性だった。必ずストライプのワイシャツを着ていて、遠くから見るとキッチリしているのだが、近くで見るとシャツにくちゃくちゃのしわがついていたり、寝ぐせと無精ひげがやたら似合う、ワイルド系だった。

私はエロ本の男性編集者とは距離をおくことを心がけていた。ごくたまにだが、「周りにいるメスはとりあえず食う」系の編集者がいたりする。そういう人から、仕事とかこつけて、スナックに呼び出され、「男とセックスしてる?」とエロ本業界ならではの世間話風に見せかけて実は口説く、ということをされたりすることもあった。そういう人に目をつけられると単純に時間をロスするので、「こいつは絶対にセックスができない」と思われるようなオーラを常に出して仕事することを心がけていた。なので、阿佐田さんに対しても常にビジネスライクな口調と態度を徹底していた。

しかし、心を奪われたのは私のほうだった。阿佐田さんと仲がいいライターのブログをチェックし、「阿佐田と待ち合わせ。コンビニの肉まんを食べながら待っていた。相変わらずマイペースな男だ」などの記述を読んでは、コンビニの安い肉まんにむしゃぶりつく阿佐田さんを想像して悶絶した。編集者やライターが集まる飲み会では、「阿佐田のアレは超でかい。泊まりの取材で旅館に泊った時、はだけた浴衣から出ていた。『腕が出ている』と思った」という情報を入手し、なんでもないことのように聞いていたが、「マ、マジかよ……」と自分の顔が耳まで真っ赤になっているのが分かり髪で隠した。阿佐田さん本人は「でかすぎて女の人に嫌がられる」とさわやかに証言する。「マ、マジなんだ……」ドキドキが止まらなかった。

阿佐田さんはたぶん、キャビンアテンダントとか受付嬢とか、見た目重視な職業についている系の女性が好きなん

だろうなと思っていたし、別に阿佐田さんとヤリたいとか、付き合いたいとかじゃなかった。ただ、「阿佐ケ谷駅」とか「南阿佐ケ谷駅」とか「阿佐田哲也（小説家）」とか「阿佐」の文字を見るだけで「ドキーッ！」としてしまう毎日を過ごしていたのは事実だった。

新宿駅で阿佐田さんと待ち合わせし、テレクラ男と落ち合うために西武新宿駅へ向かった。「俺、バレないように後ろついていくんで、喫茶店かなんかに入って、テレクラはいつも利用してるのかとか、どうして今時ネットじゃなくてテレクラにこだわってるのかとか聞いてください。なにか危なそうになっても、後ろから見てるんで安心して下さい！」と阿佐田さんに言われ、「分かりました」と答えた。

やって来た「29歳サラリーマン」は、どう見ても、どう若く見積もっても50歳のおっさんだった。

ネクタイはペイズリー柄を100倍気持ち悪くしたような見たことのない柄の黄色いもので、スーツも時代遅れのだぼだぼしたデザインだった。ふたりでイタリアントマト・ジュニア（フランチャイズの喫茶店）に入ることになった。後ろからついてくる阿佐田さんを横目で確認する。

2階のカウンター席におっさんと隣同士に座る。50歳以上にしか見えない相手を29歳として話をはじめるには相当無理があるし、やりきる自信がなかったので、「29歳じゃないですよね？　バラしていいですよ！」と明るく言うと、おっさんは真顔で「29だよ」と言った。目の前にいる初老の男性は私の4歳上、とんねるず世代。自分に必死で言い聞かせた。

テレクラで出会うという、ヤレる率が高い状況だが、おっさんからはカラッと乾いた感じがした。テレクラの電話で話したほかのおっさんたちは、電話の時点で、「今すぐホテル行こう！」とか「2時間なら2、3発できるよ！」とか己の性豪ぶりをとことんアピールしてきた。このおっさんが特殊なタイプなのか、それとも私が阿佐田さんの存在を確認したのがバレたのか、「警察とかじゃないよね？」とか「潜入捜査じゃないよね？」と何度も聞いてきたので、警戒していたのかもしれない。おっさんは自分からはあまり話さなかった。疑ってるのなら帰っちゃえばいいのに、おっさんは私から話し出すのを待っている。しかし何の共通点もない初対面だとどうしても年齢にかかわる内容になってしまう。「あれは俺、いくつだったかなぁ……忘れたわ」ですべて乗り切ろうとするおっさん。20歳以上サバを読んでる人との会話ってものすごい大変だということを知った。「29歳という設定を保つ」ことに全神経を費やすという、ものすごいウヤムヤした会話がしばらく続いた。

こんな受け身のおっさんが、テレクラとはいえ、行きずりの性交を日常的にできるものなのだろうかと不思議に思った。

「こういうので会った女とエッチしたりするんですか?」と聞くと、「え?」と聞き返してきた。

私「え?　って……、だから、したりするんですか?」

おっさん「何を?」

私「え、だから、エッチを」

おっさん「ん?　もっかい言ってみて?」

私「え?　エッチですか?」

おっさん「ん?　よく聞こえないなぁ?」

私「エッチですよ!　エッチ!」

おっさんの漫画みたいな見事なエロ顔が脳裏から離れてくれない。

私はおっさんにイライラしながらも、会話している私を後ろから阿佐田さんが見ている……ということには燃えるものを感じていた。

おっさんは最後まで私を「警察の潜入捜査じゃないの」と言っていて、私が「じゃあ、今日はありがとうございました」と言うと、別れを受け入れた。席を立ち、阿佐田さんを探すと、いない。階段で1階に降りると、1階の奥の席で阿佐田が大声で楽しそうに携帯で話していた。私が危険な目に遭ったら助けてくれるんじゃなかったのか、阿佐田よ……。そんなとこで電話してたら私の危険なんて絶対わかんないだろ！

イタリアントマト・ジュニアの店の前でおっさんと別れた。無論、おっさんのジュニアとご対面することはなかった。

おっさんにはアイスティーM（220円）を奢ってもらったのだが、220円という廉価でエッチ発言強要トークを提供し、おっさんの股間を一瞬でもHOTにさせてしまったことが悔しかった。

そして阿佐田に対しての一方的な熱はこの日を境に急速に冷え込み、ますます円滑に仕事ができるようになった。

潮を吹かせられる男
セックスカウンセラー

セックスカウンセラーという仕事をしている男性に取材した。指定された「コロラド」という喫茶店にいると、腰まである髪をひとつに束ねサングラスをしている、いかにもな風貌の40代男性がやって来た。

ふたりきりで話を聞いていると、主に「女体開発」を得意とするカウンセラーだと言う。淡々とした口調で話しながら、「セックスでイケないとか、悩み事はありませんか」と聞かれた。悩み事があってもなくても、この男性に話すのは抵抗があった。

それより私は聞きたいことがあった。

男性向けのエロ本の中には、女の生態についての果てしなく無根拠な情報があふれかえっている。「女が新しい靴を新調してきたらそれはヤリたがっているサイン」とか「女が首をゆっくり振っていたらそれは本当にイッている証拠」だとか。

なかでも私は男性たちの「潮吹き」への熱い願望について強い疑問を持っていた。性的行為に自信があると言う人ほど、「ボクは潮を吹かせられますよ」という点をアピールしてくる。そういう人は「女が潮を吹く」ということを普通では考えられないほどの性的絶頂へ達した状態だと思っているから、それができるということは、「俺のセックステクニックがハンパねえ」という証しだと思っている。

私は、潮なんてGスポットを的確に刺激すれば出るものだと思っている。スポンジに例えてみたい。したたるほどの水が含まれているスポンジは、指で少し押すだけで水があふれ出す。少しの水しか含んでいないスポンジでも、ギューっと押せば少しの水は出てくる。「潮を吹かせられる」という人は、その〝押し方〟を知っているというだけだ。吹いているほうとしては、体内に普通にある潮を絞り出されても、「はあ、そうですか」という感じである。女体の中の液体のようなものが「興奮」によって増えるとすれば、それを「出す」ことよりも「増やす」という作業ができるほうが「上手い」ということだと思う。むしろ「潮を吹かせら

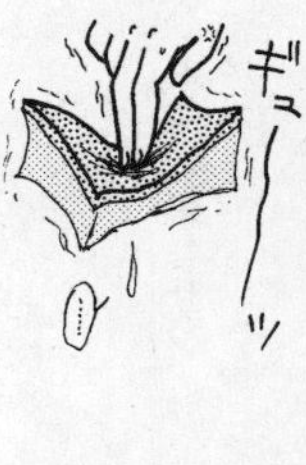

れます」という男は、いざ潮が吹けばそれだけで「俺ＯＫ」と満足する独りよがりな傾向があり、「上手い」とは程遠い存在とも言える。

話はセックスカウンセラーの男性に戻る。

「潮吹きって、どう思いますか」と私は男性に訊ねた。

女のイケない悩みとかについて日々考えていらっしゃると言うし、男たちの潮吹き願望にウンザリしてる女の気持ちも分かってるかも、と期待した。「あれはね、エクスタシーとは関係がないんだよ。男性の幻想です」と答えてくれれば、話がはずみそうだと期待した。

しかし男性は「潮？　うん、僕、吹かせられますよ」と顔を紅潮させて待ってましたとばかりに言った。しかも潮を吹かせられるどころか「遠隔操作で女性をイカすことができる」と言う。

意味が分からないのでさらに訊ねると、「体に触れなくても、女性を視覚だけでイカせられる」と言う。「試しにコーヒーカップの取っ手の穴を女性器と見立てて指マンをするから見ていてください。これを見ているだけで濡れてくるはずです」と、男性は己の長い人差し指と中指でカップの取っ手を〝愛撫〟し始めた。取っ手が女性器だとしたら、クリトリスがあるあたりをチョンチョンとつついたり、ソッと軽く中に指を差し入れ出し入れしたりしている。「ほら、どうですか……？」。長髪を後ろにしばったサングラス男が、コーヒーカップと私の顔を交互に見ながら、コーヒーカップの取っ手をねっとりと指で撫でている。「コロラド」の店員に見られることなんてお構いなしに、今度はコーヒーカップの取っ手の穴に人指し指と中指を挿し入れ「ガガガガガ！」と勢いよく〝指マン〟しはじめた。コーヒーカップは「カチカチカチカチ！」と揺れてコーヒーがジャバッとこぼれ出し、男性のゴールドフィンガーにぶっかかる。男性は2本の指を小刻みに揺らすために全身をけいれんさせながら見開いた目で私を見つめる。その視線の鋭さは突き刺さりそうなほどだった。

「ほら、ほら……！（カチカチカチ！）」

私は申し訳程度にコーヒーカップを見るが、「えっと…あの…そうですか」と言って目を逸らし、もう入ってないアイスティーのストローに口をつけた。カップ指マンに自らが興奮してきてしまったのか、男性は完全に欲情した顔になり、額に汗までにじませていた。

「あ、ちょっと私まだ、遠隔では操作できないみたいですね～」と言うと、男性はコーヒーが染み込んだ己の手を拭きながら、「自宅だともっと本格的にカウンセリングができる」と何度も何度も言ってきた。行くわけがない。カップ指マンなんかでヤレると思うんじゃねえよ、と思った。

しかし実は、私は少し、カップ指マンに興奮しかけていた。愛撫の様子を集中してジーッと見ていたら、そしてそれに自分が興奮することを自分が許していたら、確実に耳まで真っ赤になってしまいそうだった。だけど、「ほら、そうでしょう（僕の勝ちでしょう）」という空気になるのが耐えられないから目を逸らした。あの男性に「遠隔操作で女をイカせられる能力」があるということにしたくなかった。ああいった〝愛撫〟を見たらエロい気持ちになるのは、私としては普通のことだし、もしあの男性に他の男にはない能力があるとしたら「喫茶店で恥ずかしがらずにコーヒーカップに指マンをできる能力」のほうである。

「私と今日仕事したこと、あとで自慢になりますよ！」

セックスの達人

エロ本の付録DVDの中の「エロの偉人を訪ねる」というおまけコーナーで、実況を担当していた。私は「カラミちゃん」というオリジナルキャラクターのパペット人形を操作しながら、テレビの教育番組風に実況で喋る。なので姿は映らない。カラミちゃんとして毎月2回、エロ業界で有名な人やAV女優のグラビア撮影に同行しインタビューをしていた。

この日は「セックスの仕方教室」に行った。この教室を作った先生は、長身でスラッとした体型のおじさんで、当時有名になり始めた人で、開口一番「あなた、私と今日仕事したこと、あとで自慢になりますよ！」と極上の笑顔とハツラツとした声で言ってきて、面食らった。

わー
今回は
わー
今回は
セックスの
先生の
ところに
来たよ！
編集部が
私のイラストを
元に人形作家
に頼んで
作った
パペット人形

ぜんぜん悪い人ではなさそうだけど、見た目は怪しげ。セックスの先生はそのくらいのほうがちょうどいいかもしれない。金髪に染めた髪を細かいクルクルパーマにしているのでちょっとインスタントラーメンぽく見えて美味しそうだった。

「みんな、正しいセックスをしていない！　だから私が教える！」という情熱と信念が全身からあふれている。

とにかくよく喋る、そして自身のセックス理論を繰り返し何度も言ってきて、ほとんど覚えそうだった。

要約すると「いきなり乳首や性器を触ってもダメ！　僕が発案した新しい触り方をやるのが一番」。

その先生の言うとおり〝正しい愛撫〟をすると女性の官能は最大限に開き、訓練を積めばその女性は、最終的には触られなくても〝気〟を送られるだけで昇天してしまうという。男はほんとそういうのが好きだなぁと呆れながらも、「いいっすね〜！　うらやましいっすね〜」とカラミちゃんで相槌を打った。

その時はAVギャル（アヤちゃん・仮名・21歳）に来てもらい、実際にアヤちゃんに先生のテクニック施術を披露してもらった。

アヤちゃんは、顔が小さくて可愛く、手足が細長く、その完成されたボディは芸術的だった。Gカップのおっぱいが最高に美しい。プルプルのポヨポヨで「ああ、おっぱいとは、何故にこんなに美しけり」と、とにかく感動の渦潮に巻き込まれた。

そして先生テクが開始された。それに応じアヤちゃんがアンアンと喘ぎ声を出すと、先生は「私の伝授する技をちゃんとやれば、この声も麗しい官能の歌声として聞こえてくるのです」と言う。私も既にアヤちゃんの裸によって、頭がエロから精神世界的なほうへ誘われていたので、アヤちゃんの喘ぎ声がヒーリングミュージック（イルカの声とか）に聴こえた。

先生の理論では「最終的には触らなくてもイケる」と言う。それを証明するかのごとく、先生は仰向けになっているアヤちゃんの股間にタオルをおもむろに掛け、その上に正常位の姿勢で乗っかった。先生はズボンを穿いたまま。

つまり、タオルとズボンがあるので性的接触はない。何するのかな？　と思った瞬間、先生は突然そのままピストン運動をはじめた。アヤちゃんは「アンアン」と喘ぐ。真剣な表情で汗をかきながらズッコンバッコンする先生。

「あっ！　先生、それはなんですか⁉　手品ですか⁉　まるで、先生のオチンポが、タオルとズボンを貫通しているかのようです！」

「すごいです！　先生のオチンポは入っていないはずなのにアヤちゃんは気持ちよさそうです！」

とカメラに向かって実況すると、盛り上がって来た先生は、今度はアヤちゃんをワンワンスタイル（四つんばい）にした。すると、先生は「こういうことも可能なんです」と言って、アヤちゃんのおしりから50センチ後ろの位置で立てひざになり、自分の両手を自分の頭の後ろにやって腰を振りはじめた。

つまり、まったくふたりは接していない。なのにさも後ろから突かれているかのように「アア〜ッ気持ちイイ〜」と言っているアヤちゃん。ひとりで腰を振りまくる先生

(汗ダク)。

いきなり目の前ではじまった信じられない光景に吹き出しそうになった。しかし先生は超真剣なので絶対に笑えない。カメラマンの男性を見ると、顔が爆笑をこらえていて、そのせいで震える右手を押さえながら、必死でカメラを回していた。それを見て可笑しくなって笑いを堪えれば堪えるほど、自分の体が痙攣した。先生・アヤちゃん・カメラマン・私。全員の体がそれぞれの理由で、揺れていた。

「すごいです！　アヤちゃんのお尻と先生の股間の間に、巨大なチンポが見えるかのようです‼」と実況すると、更に先生の腰の動きはスピードを増した。それを察し、喘ぎを大きくするアヤちゃん！　もうだめ、こっちが死ぬ！

最終的には、私とカメラマンはヒーヒーと爆笑してしまった。人生でも3本の指に入るくらい、可笑しかった。笑いすぎてむせている私たちを、不思議そうに、でもうれしそうに見る先生。

帰り支度をしている時、先生が私に「お願い、あなたもちょっと愛撫をためしてみて‼　絶対いいから！」と言ってくる。やだなーと思って、トイレに行くといってごまかした。トイレから戻ると、カメラの片付けをしていたはずのカメラマンの男性に先生が抱きつき、カメラマンの頬にチュッチュチュッチュとキッスを振る舞っていた。もうワケが分からず「は⁉」となっていると、カメラマンが「ブホッ！」と吹き出しながら「ちょ、代わって、代わってください！」と私に助けを求める。先生はどうしても試してくれとしつこいので、仕方なく私も背中に「先生流愛撫」を受けることを承諾した。うつぶせになってと言われ、背中をめくられてスカートを下げて半ケツを出すように言われた。グダグダ言ってるほうがダサイかなと思い半ケツを出した。

そしてソフトタッチな先生の愛撫が私の腰に繰り広げられた。確かにいやらしいっちゃいやらしいけど、そんないきなりこんな仕事先で腰をフワフワ触られても「アアン……」とかなるわけがない。

「あーそうですか、いいですね」とか言ってたら、先生が私の耳に超絶技巧キッスをしようとしてきた。「うわあぁぁぁ‼　無理！　やめてください！」と言って逃げたら、シュ〜ンと悲しそうな顔をしていた。いやいや……無理だし。

撮影後の帰り道、カメラマンがアヤちゃんに「気持ちよかった？」と聞いた。私は、アヤちゃんが「ぜんぜん！」とあっけらかんと言うだろう、と予想した。しかしアヤちゃんは「んー、まあ、手マンはウマイよ。他の愛撫もまあまあだね。でもああいうのって好きな人と嫌いな人がいるからな～」と言った。ちゃんと冷静にチェックしながらしてたんだ、と感服の思いでいっぱいになった。

第3章　セックスの現場で働く女たち

はじめて会った人に「性感帯はどこですか?」と聞く難しさ

翼ちゃん(23歳/ファッションヘルス勤務)

はじめて取材した風俗嬢、翼ちゃん(仮名)の背中には、一面、龍の入れ墨が彫られていた。

髪の毛は茶色が混ざって水分が少なく、目尻がキリッと鋭くて、入れ墨がすごく似合っていた。そういう人が、ピンク色のタオルが敷き詰められたベッドしかない、ヘルスの個室にいる。テレビで見たままの光景が目の前にあることに私は感激していた。

インタビュー取材の内容は、「源氏名、スリーサイズ、性感帯、働き出したきっかけ」くらいのもの。スポーツ新聞のピンクページによくある、お店の紹介コーナーに使うデータを聞いてくるというだけの仕事だった。だけど、はじめて会った人に突然「性感帯はどこですか?」と聞くのはなかなか技術のいることだと、その場ではじめて分かった。

私はモゴモゴしてしまい、自分の手にあるメモ用紙を凝視しながら、うわずった声でスリーサイズを聞いた。翼ちゃんだけではなく、このあと会う風俗嬢のほぼ全員がそうだったが、最初は愛想を良くしてくれるのだけど、私が質問をはじめると、すごく怪訝な顔になり、答える声も覇気がなくなっていくのだった。だけど彼女たちは、男のスタッフやライターとは、とても明るく挨拶や会話をする。私は、自分の未熟なインタビュー技術は棚に上げ、「風俗嬢というのは、女性より男性を扱うほうが慣れているんだな」と思うことにしていた。

「もう、いっすかぁ？」

ももちゃん（21歳／マジックミラーオナニー店勤務）

その店は、上野の雑居ビルのワンフロアにあった。

店内に入ると、受付の横の棚に300本ほどのアダルトDVDが並んでいる。ここでDVDを選び、カラオケボックスのように仕切られている部屋へ持っていく。中はリクライニングチェアひとつでいっぱいになるくらい狭く、他にはDVDプレイヤー、ティッシュが一箱のみ。この部屋にはモニターがなく、壁の一面がマジックミラーになっていて、隣の部屋にドでかい液晶モニターがある。

店長から説明を受けているうちに、ももちゃん（仮名）がバイブやローターが入ったカゴを手に、挨拶にやってきた。お店のシステムを見せてもらうことになり、ももちゃんは店長に言われた通り隣の部屋に入り、大画面に流れるAVを観はじめた。

それをマジックミラー越しに見ながら、店長が「こうやって女の子が大画面でAVを観て、ムズムズムラムラしていく様子を観察できちゃいます。向こうからこちらは見えないので、どうぞガン見しちゃってくださいって感じですね！」と説明してくれた。そのうち、ももちゃんはわかりやすく体をモジモジとよじり出し、意外と唐突に自分の股間をまさぐりはじめた。そして一気に本格的にグイングインと体を動かし、『THE・オナニー』とカギカッコをつけた感じのオナニーに発展していく。ウソくさい感じがしてエロいとは思わなかった。どんな男に見られているか分からずに性器いじりを披露するわけである。触られない、接しない点では安全だけど、自分の顔は知られていて、相手の顔は知らないって、すごく怖くないかなと思った。それに、オナニーばかりしてアソコはヒリヒリしないだろうか、とも思った。

　当時の私はこういう女の子に会うたび、ものすごく疲弊した。風俗嬢やAV女優という、特殊な世界の人にインタビューするという仕事に憧れていたのに、現実では全くうまくできなかった。

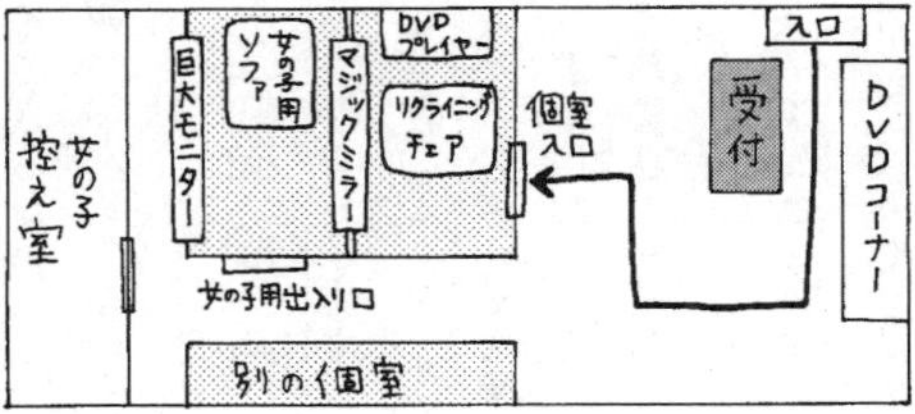

それは自分が女として「おっさんにオナニー見せる仕事なんてよくできるなぁ……」と思っているからで、それが表情や言葉で出ないように隠すのに必死で、バレてないか極度に緊張するからだった。

看護師とかデパートの受付とか、自分は絶対にできないとか選ばない職業なんて無数にある。だけどその人達に対して「よくやるよなあ」なんて思ってないから、インタビューすることになったとしても、そういったタイプの緊張はしないはずだ。

それに、自分が本当に気になっていることを質問できるわけじゃなく、読者がその風俗店に行こうと思うような記事を書かないといけない。つまりマインドを「おじさん」に設定して質問をする必要がある。だけど私自身は25歳の女だから、おじさんマインドで話すというのがどうしても無理があった。

きっとおじさんが風俗嬢にインタビューする時は、「よくわかんないけどそういうことをしている女の子」みたいな感じでかなり距離があるから、他人事として聞けるんだと思う。しかし当時の私は、過干渉な母親と同じ屋根の下で暮らしている事に死を予感し、着の身着のままで彼氏である太郎の家に逃げ込んでいる身だった。22歳で家を飛び出した。25歳でエロ本の仕事を始めるまでの3年間はお金が全くなくて、「太郎に家を追い出されたら、風俗で働くしかない」と毎日ギリギリの精神状態で暮らしていた。

つまり私にとって「風俗で働く」ということは自分を奮起させるデッドラインであり、最終的な想定としてのライフラインだった。

高校生の時に本やテレビで見た、風俗の世界。それはとても特殊で華やかなものだった。自分とは全く別の人たちだった。だから憧れた。

だけど、高校を卒業して20歳を過ぎて社会人になっているうちに、いつの間にかそれは強烈なほど身近なものになっていた。触れたこともないのに、すぐ隣で自分を追い詰めてくる恐怖の存在になっていたのである。

それなのに、平然とおじさんマインドで「性感帯はどこですか?」なんてのん気に質問なんかできるわけない。「好きでもない人とセックスするなんて、よくこんな仕事できるな」と思うことが、当時の私を奮い立たせなんとか生き延びる糧になってたんだから。

でもこの頃は、そんなことには気づいてないので風俗嬢を目の前にすると挙動不審になり汗がだくだく出ることに困っていた。

そんな私に一瞥もくれず、ももちゃんはパンツの中に入れた指をイジイジ動かし、眉間にシワをよせてヨガッていたのに「ピピピピ」と取材終了のタイマーが鳴ると急に起き上がり、服を着ながら「もう、いっすかぁ?」と言い、楽勝といった感じで控え室へ帰っていった。

「ライターさんも風俗のお仕事されてるんですか?」

くるみちゃん（21歳／マンションヘルス勤務）

風俗店に行って、受付の人に「あのぉ〜」と声をかけると、番号札を渡され「そこで待っててください」と言われることがある。しばらく待っていると、店長らしき人がやってきて面接がはじまるのだった。そこで、「あっ、違います。ライターです。取材です」と言うと謝られ、女の子が待つ部屋に通された。

その店は「マンションヘルス」だった。店舗の受付で女の子を選んでお金を払い、プレイを行う隣のマンションの一室へ女の子と一緒に移動するというシステム。取材の女の子が来るのを、他のお客さんもいる待合室で待った。待合室のテーブルの上には爪切りがあり「爪を切っておいて下さい」と手書きのメモが添えられている。確かに、女性

器や体を触る際、長い爪は痛いし危険だ。待合室にいる男の人たちは、これから女性器を触ったりなんだりする前提でここにいるんだなあ、としみじみ思った。

取材をさせてもらう女の子は、雑誌などに出てもいいという子の中から店側が選ぶ。この日の女の子はくるみちゃん（仮名）といい、ぽっちゃりしたギャルだった。泣きそうな顔をしていた。くるみちゃんと隣のマンションの部屋に入り、スリーサイズなど、どうでもいい質問をはじめた。私はその頃、普通に質問するよりも、「私、ライターの田房でぇっす！　オナニー狂いで、変態なんですよぉ〜〜〜‼」となるたけテンションを上げて「変態」を自称すると、風俗嬢が割とにこやかに話してくれることを知り、その技を身につけようと模索していた。

しかし、くるみちゃんはもともとにこやかな感じで変わらずに答えてくれたので、私が空回りしていた。くるみちゃんは落ち着いた口調で、「ライターさんも風俗のお仕事されてるんですか？」と聞いてきた。

私は、「たまにありますよ」と答えた。

どうしてそんな嘘を言ったんだろう。なぜだか、「したことはない」と答えられなかった。

くるみちゃんが穏やかなタイプなのをいいことに、風俗嬢との話し方の練習をしようと思った。意気込むと緊張する。私は自分の額のあぶら汗を袖で拭いながら、先輩ライターがインタビューしている様子を思い出した。彼らはニコニコしながらサラリとえげつない質問をする。

私もくるみちゃんとの距離を縮めなければ……。汗を噴き出しながら、浮かんだ質問を馴れ馴れしく聞いてみた。

「けっこう儲かってるンでしょ？」

なんでそんなことを聞いたのか？　自分でも謎だった。

お金は結構貯まっていたが、昨日現金22万が入った財布を盗まれた。という話がくるみちゃんの口から語られた。私は「こんなキツイ仕事で稼いだのに……」と一気に真っ暗な気分になった。それを悟られたらくるみちゃんがいたたまれないと思い、クチャクチャの笑顔で、「それは、キツイっすね！」と言ってみた。

くるみちゃんは目に涙をためて「借金を返したら早くやめたい」「一日でも早くやめたい」とかみしめるようにつぶやいた。

スリーサイズなどのインタビューをしたあとは、プロフィール写真を撮ることになっている。よくある、顔を手で隠したポーズのカットである。カメラマンが同行していない時は私がデジカメで撮るのだけど、ポーズの指示がうまくできず、いつもすごくぎこちない写真になった。

撮影のために全裸になったくるみちゃんは、「使い終わったら写真のデータは消してくださいね」と、泣きそうな顔のまま、しきりに言っていた。

そう言われると、私は何か、すごいものを手に入れたような気がしてきて、シャッターを押せば押すほど、くるみちゃんから重要なものを吸い取って強くなっているような気分になった。

私はいつも、風俗で働いている女の子の気持ちを書きたいなら、自分自身が実際に体験しなければ無理だ、と思っていた。しかしそこで、クッサイ性器のおやじにあたったとしても、エロ本に「ちんこ臭かった」などとは、書けない。「風俗嬢は、あなたのテクに本当に感じることもある。挿入が禁止されている店でも感じすぎて『挿入して』と自分から頼んでしまうこともある」という、『男の夢』を壊さないのが鉄則だから。『男の夢』の上に成り立っているという意味では、風俗嬢もライターも同じ立場かもしれないと思っていた。

だけど、彼女たちが自分と決定的に違うのは、実践で男性の願望を支えているという点だ。当時の私はそこに猛烈な引け目を感じていた。「男のための場所」で働いている女なのに、私は脱いだりエロいことをしていない。

くるみちゃんに「風俗経験がある」と嘘をついたのも「私もアナタと同じよ♪」という、妙な同等アピールだった。そう言ってみたかったし、そういうセリフを言えるのは、「仕事がデキるやつ」みたいなことだと思ったけど、口に出した瞬間、とんでもなく恥ずかしいことだと気づいた。とことんバカにした態度をとったほうが、まだよかった。

蔑《さげす》みと劣等感という矛盾した感情が激しく入り混じった対象と同じ空間にいると、疲弊する。蔑みは勝利であり、劣等感は敗北であり、勝手な勝敗は、自然な交流の不可を意味してる。くるみちゃんの全裸写真を得たことで、私も同時に何かをなくしていた。

カメラが止まると真顔に戻る

こころさん（AV女優）

エロ本の付録DVDのおまけコーナーの撮影で、中堅AV女優のこころさん（仮名）に会った。こころさんが新人AV女優を紹介する、という内容で、私はカラミちゃんとして実況をする。

こころさんとは以前、同じような撮影で会ったことがあった。肌が透き通るように白くて華奢で本当に美しいこころさん。私を見るなりアニメのような声で「久しぶり〜ぃ！　元気ぃ〜⁉」と言ってくれた。

この日はこころさんが新人AV女優を紹介する、という動画を撮った。

カメラが止まると真顔に戻り、それ以外の話は一切せずに、不機嫌そうに煙草を吸う、というのがこころさんスタイル。

そういう印象があったので、「元気ぃ〜〜？」とカメラが回る前にニコニコ顔で言われビビッてしまい、「げ、げんきげんき〜〜あはは〜……」と言った。最近のこころさんはスタッフにもニコニコしてるんだなと思った。と同時に、「いつ真顔に戻るんだろう？　疲れてしまうのでは？」と余計な心配が浮かんだ。

そんな私の心配をよそに、この日のこころさんはカメラが回っていてもしょっちゅう真顔に戻った。真顔のこころさんは、私や他の人の目をじーーっと見てくる。その目が綺麗すぎてなんかこわかった。見ているけど、こころさんは目に映ってるものに対して別に何も関わっていない感じ。

こんな目をした人と会ったことがない。

私のこの日の仕事は「こころさんと仲良く話す」だった。でもそういう人と仲良く話すのはすごく難しくて、しどろもどろになってしまった。でもこころさん

は次の瞬間にはニコニコ～ッとするので、正直本当に怖かった。

新人AV女優に話を聞きはじめると、こころさんは露骨に無表情になり、つまらなそうにそのへんをグルグル歩きはじめた。でもまた、次の瞬間にはニコニコ～ッと天使のような笑顔になる。その美しさが、1秒前の真顔の恐ろしさを際立たせた。こころさんの目だけでなく、言動すべてが恐ろしく感じた。「AV女優という職業の人」というフィルター（偏見）をかけて見ると、吸いも甘いも嚙み分けた末の言動、と思ってしまうが、AV女優だからってみんなあんな感じの人ってわけじゃない。最終的には本当にわけの分からない怖さに身が包まれたまま、取材が終わった。ひきつった表情をしていたはずの私に、こころさんは「じゃーねーまたね～～☆」とニコニコ笑顔、アニメボイスで別れを告げた。

バイト先で一緒だった人がAVに

Bさん（31歳／フリーター）

２００６年末、自分が描いた漫画が載っているエロ本をペラペラと捲《めく》っていると、Ｂ子にソックリな女が裸で亀甲縛りされてベッドに横たわっている写真を見つけた。

Ｂ子は、２００２年頃、アルバイト先で1年間一緒に働いていた女性だった。

ソックリだなと思いつつ、次のページを見ると、Ｂ子にソックリな女が公園で自らパンツをズリ降ろし、陰毛を見せている写真があった。手が止まり、じっくりとその女の顔を眺めた。「まさか」と思いながら、ＤＶＤをセットした。その雑誌には、誌面に載っている女の子のセックス映像が付録でついている。あんまり似てるんで、どんだけ似てるのかなと軽い気持ちでＤＶＤを観はじめた。

B子とは、毎日顔を合わせ一緒に働いていた。彼女をはじめて見た時、地味な服装、幼い可愛らしい顔立ちで化粧っけがなく、スベスベの肌をしていたので、「18歳くらいだな」と思った。しかし実は私より2歳年上で、当時26歳であった。実年齢を聞いて顔を改めて見ても、B子は18歳にしか見えなかった。

B子は、幼い顔と声で、普通にしていてもブリッコしているように見えるので、女から嫌われるタイプだった。学生時代も前の職場でも女たちから避けられてきたようで、最初は私に対しても相当な警戒心を持っていた。「これはこうしたほうがやりやすいよ」などと指示しただけで、しかめっ面で逃げていったこともあった。

よくよく話してみると、B子は人の話をまったく聞かないタイプであることが分かった。人が話していても上の空であるし、まず他人に興味がないのか、こちらに質問などはほとんどしない。

それで幼い顔と声である。一部の男性従業員は、B子に気に入られようとしきりに話しかけていた。その際、隣にいる私は完全にいない者として扱われる。そしてB子は、「B子を気に入っている男性従業員」のことを気に入ってる女性従業員から、露骨なイヤミを吐かれたりしていた。B子が女から嫌われるのは、彼女に非があるわけではなく、逃れられない宿命なんだろうなと私は思った。

しかし私は、B子のことが大好きになった。それは、話がとても面白いからである。

女同士の争いによる心労を理由に辞めた会社の退職金200万円を、悪徳エステに騙されてすべて取られたことや、交際中の彼氏が100キロ超えの巨漢で、夏場10日間も取り替えないために白い塩が浮いた黒のTシャツをデートに着てくるほどの不潔であり、その上に彼女にジュースを奢《おご》るのも嫌がるほどの大変なケチ男であるとか、その彼が糖尿病で倒れた時、はじめて部屋に入ったら室内は壮絶なゴミ屋敷で、高く積み上がったゴミ山と天井の間に「寝床」があり、そこに全身が真紫色になった彼が挟まって苦しんでいた、とかそういう話を、淡々と話してくるのだった。

私も「へー」とか「そうなんだ」とか平静を保って聞くのだが、心の中では「紫⁉紫色の巨漢⁉」とか「いやいやいや200万って‼」とか、ドキドキワクワクしていた。

そしてB子は、喋り出すと作業の手が止まってしまい、ぜんぜん仕事をしなくなるという癖があった。B子と私は毎日ふたりきりで仕事をするのだが、B子は相変わらず他人のことに興味がないので、延々と自分の話をした。つまらない話だったら腹が立つけど、仕事自体もそんなにバタバタするようなものではなかったし、私は彼女の話を聞くのが大好きだったから、さほど気にならなかった。私は彼女の分も作業しなきゃいけないので、たまに立ち上がって移動したりするのだが、私が動くとついて来てくれた。私にとっては「おもしろいラジオがポータブルで聞ける」。そんな関係だった。

しばらくしてB子は巨漢の彼と別れ、別の男と付き合いはじめた。

B子の面白いところは、持っているエピソードもそうだが、普通は人に言わないようなことをペラペラ話してくれるところにあった。新旧の彼氏のセックスのやり方の違い、チン棒の形状の違いまで、聞かれなくても事細かに話してくる。そういう話をエロっぽくなく、サラリとしてくるのだが、〝好き者〟という風情がにじみ出てしまう。普通の話をしていても、どこかエロい。セックスに多大なる興味を持っているのだろうなあ、と思っていたら、「私、アレするの好きみたい」と、他人ごとのように白状したこともあった。

B子は、誤解されやすい自分の性格を理解してか、時に神経質な面を見せることもあったが、基本的にはおっとりしていて、優しい性格の人だった。だが、関係としては、こちらが「一方受信」という感じで、私のパーソナリティーはどうでもいいと思われていると常に感じた。向こうからのこちらへの情より、こちらからの情のほうが大きかった。聞き要因としてはすごく求められ慕われている感じがするが、必要なのは本当にその部分だけ。B子と話していると、愉快なような不愉快なような、不思議な気分になった。

B子はたぶん、出会ってきた女たちをそういう気分にさせてきたんだと思う。

でもB子は、バイトを辞める時、「いつも話を聞いてくれてありがとう」というメールをよこしてきた。それがなんだかとても嬉しかった。いわゆる友情というのは感じなかったが、仲はよかった。妙な関係を持てた人物としてかなり記憶に深く残っていた。

そのB子にソックリな女が、縄で縛られた全裸の姿で、雑誌に載っている。

DVDを観はじめると、人妻という設定で出演しており、名前も違うし、アエギ顔ばかりが映るので最初はよく分からなかったが、見れば見るほど似ている。服のまま、公園で、男にパンツの上から股間をいじられているB子にそっくりな女の映像を観て、パニックになった。

「えっ⁉　えっ⁉　出るわけない、いくらなんでも出るわけない」

私はひとりでブツブツとつぶやき、立ち上がって狭い部屋をグルグルと歩き回った。画面をチラ見すると、男優のチン棒をせつない顔でフェラチオしている。口角がそっくりだ。そっくりすぎる。

映像はホテルに移り、少し普通に喋るシーンがあった。女が少し笑った時、「うわあああ‼」と叫びながら、B子本人だと確信した。

大股を開いて大声を出してハメ狂うB子に向かって、「なんで出てるのー！　ねぇ、なんで出てるのー！」と泣きそうになりながら尋ね続けた。

B子は、「素人AVモデル」として出演していた。素人AVモデルというのは、AV女優ほどの制約がなく、アルバイトとしてやる人が多いらしい。年齢より5歳は若く見えるカワイイ顔のB子なら、出ようと思えばすぐに出られると思う。だけど、エロ業界とはまったく違うところにいたはずだった彼

女が出ている理由が分からなかった。

アエギまくる28歳のB子を見て、「女子大生って言っても見えるなあ」と冷静に思ったり、「なんで私いまこの人のセックス見てんだろ⁉」と再びパニックになったり、忙しい18分間だった。

知っている人のセックスなんて、見る必要ないというか、見ないほうがいいというか、奇妙すぎて非現実的だけど、やはり慣れてもしまうのだった。

この時、私は26歳だったが、ＡＶというのは何があっても出ないほうがいいものだと思っていた。出てはいけない、と思っていた。もし友だちが出たりしたら、大きなお世話であっても、「やめたほうがいい」とか、「もうこれ以上出ないほうがいい」とか、忠告してしまうだろうと思っていた。

でも、画面のB子を見ていると、出たことに満足しているB子の姿がなぜだか心に浮かんで仕方なかった。私が何を思おうが、この人には何の影響もないのだな、ということだけは静かに伝わってきた。同じ雑誌にＡＶとエロ漫画という形で一緒に掲載されるという、妙に近い縁があっても、なんだか遠い。

それから半年くらい経ってからのこと、唐突だが私は猛烈に、「B子のドキュメンタリー映画を撮りたい」と思うようになっていた。私はドキュメンタリー映画が大好きで、いつか自分も撮りたいと思ってはいたけれど、B子のことを思うほど、あんなに面白い女を放っておいていいのかと、言いようのないB子への熱い想いがあふれ出した。本人には連絡すらとっていなかったが、先走って家賃2か月分以上する最新式のデジタルビデオカメラを購入した。彼氏の家からは出て別れ、一人暮らしを始めた頃で、人生初めての「自由」を最大限に味わっていた時期だった。

AVを観たことと、「バイト先で一緒だった子がAV女優になった」という内容のドキュメンタリーの主人公として撮影させてほしい、というぶしつけなメールをB子に送った。返信はなくても仕方ない、と覚悟していた。

だが2日後、「髪型も年齢も名前も変えていたから、分かると思わなかった」という、テンションの低い文章が届いた。明らかに私の存在を脅威に思っている雰囲気が、携帯電話のメールの画面から伝わってくる。私はB子とメールのやりとりがしたくて、何より彼女のドキュメンタリーを撮りたいという下心から、「私もエロ業界のひとりだよ。だからいろいろ周りから誤解されるよね。わかるよ」という、よく分からないアピールを必死でした。だが、B子からの返事はNOだった。当然すぎて、自分を恥ずかしく思った。

B子からのメールがいつ来なくなってもおかしくはなかったが、B子は私の質問に、のらりくらりと、でもちゃんと、少しずつ答えてくれた。AVをはじめたきっかけは、女がAVに出る時の理由としてはよく耳にする内容、想像できる一般的なものから遠いところにはなく、それらのあまりのありきたりさに、聞かないで欲しがっていると分かっていながら、わざわざ聞き出した自分のことが恥ずかしくなった。

週に2、3度のメールのやりとりを1か月くらいした時、「友達にバレてすごく怒られたから、ビデオの仕事はもう今月でやめるんだ」と報告をされた。ホッとした。

そのあと、B子が私を飲みに誘ってくれた。会ってもメールでも、もうAVの話は一切しなかった。だけどなんか、B子はエロかった。量販店で買ったような安い服をそのまま着ているだけなのに、エロスが漂っていた。

B子は隣の席の知らないおやじが使ったオシボリを間違って手にして、それで口を拭いたりするのだった。私が「ちょっとそれ、汚いよ！」と教えると、「キャッ！　やだ！」と言ったあと、オシボリを持ったまましばらく黙って、「……私、こういうのけ

っこう平気かも」と笑いながら言って、またそのオシボリで手や顔を拭く。私はびっくりして「やめなよー!!」と言いながら2人で笑った。

そうやって本人と何度か会いながら、自宅ではB子の今までの出演作をインターネットでダウンロード購入して観ていた。なるべく全部観なければならない、という使命感があった。それはなんでなのかと自分でも分からなかったのだけど、きっと楽しんでいる彼女の姿を確認したかったんだと思う。本人には観ていることはもちろん言っていないし、観られるのは嫌かもしれないけど、彼女の出演作はもう私の中ではＡＶではなかった。

一番印象に残っているのは、小太りの男優とのやりとりだった。その男優と馬が合ったのか、リラックスしたいつもの彼女のままで話していて、楽しそうに男優の性器をくわえていた。それがとてつもなく可愛らしかった。

卑屈な気持ちまで消してくれる美人

ひかるさん（22歳／AV女優）

その日、AV女優ひかるさん（仮名）の撮影だった。ひかるさんは同じ人間とは思えないほど美しい。頭部の骨格が圧倒的に小さく、形の整った大きい目、高くなだらかに降りる鼻、口は上品に小さめで歯も小さく高貴な白さを持っている。その神々しい美しさに、気さくに声をかけられても緊張してしまいドモリまくってしまった。

その現場にはひかるさんを含め8人いたのだが、ひかるさんは美しさで完全に浮いていた。美しすぎるのは孤独なんだ、と思った。私には7人の味方がいた。孤独なのはひかるさんだが、私は私で死にたくなった。こんな顔で生きててすみません……そんな卑屈な思いが心を駆け巡って止まらなかった。生きていることに恥じらいを感じさせる美人はそうそういない。そして彼女はいい人。完璧なのだ。私は死にたくなった。

こういうことが18歳の時にもあった。美大予備校で、美人の子と仲良くなった。彼女はたまに女性誌の読者モデルをやっていて、一部の男子からチヤホヤされていた。ひとりの露骨な男は、いつも彼女につきまとい、私が彼女といると割って入ってきた。まるで私はいないかのように扱われた。

気分は悪かったが、あまり気にしていなかった。

しかし、みんなでカラオケに行った時、彼女がCHARAの「やさしい気持ち」を歌い出すと、私の死にたい願望が大きく膨れ上がった。彼女は信じられないほど、歌が上手かった。CHARAより上手かった。可愛くて、明るくて、いい子で、モテて、そして歌も上手い……。勝てるところが一切なかった。私はみんなが騒いでいるカラオケの部屋内でひとり固まっていた。自分が下水道から間違って地上に這い出してきた巨大なドブモグラのような気がして、人間たちが楽しそうにしているところにいちゃいけない気がして、走って帰りたかった。

そんな気持ちを隠すようにみんなに合わせて騒いでいると、露骨男が彼女の隣に座り、ザ・イエローモンキーの「JAM」を歌った。歌いながら、「君の〜」とか女への歌詞みたいなところになると、その子の顔を覗き込んでみたり、ヒジでつついてみたり、見てられない行動をクラスメイトの前で展開していた。

それらは5月頃のことだったが、夏になる前に彼女は「美大に行きたいわけじゃな

い」と行って予備校を辞めた。私は受験とは別の、人間としての劣等感を感じる毎日が終わることにホッとした。彼女がいなくなっても、露骨男への不信感は変わらなかった。最悪に嫌いだと思っていたが、その3年後くらいに、なぜか私は露骨男と恋人になった。どうしてそうなったのかまったく理解できないが、絶対にこっちを見ることはないと思っていた人間がこっちを向いたことに対して優越感を持ったのかもしれない。そんな優越感は一時的なもので、2週間で破局した。

そんなことを一気に思い出しながら、ひかるさんの美しい顔をチラッと見た。ひかるさんはそんな私にすかさず気づいて、人なつこく飛びついて、ぎゅーっと抱きしめてくれた。どうしよう、と体を固めていると、次の瞬間にはふざけて胸をモミモミしてきて、みんなで笑った。ひかるさんの生み出すあたたかい空気にすっかり心奪われた。

ひかるさんはそのあとしばらくして引退した。ひかるさんのインタビューが書かれた本を読んだら「親がつくった借金のためにAVをやっているだけ。返済が終わったらすぐやめて違う仕事に就く」とハッキリ書いてあった。ひかるさんはきっと今も、優しくて素敵な女性じゃないかなと思う。

「ヘルスは自分の天職ですね」

かなちゃん（21歳／素人ＡＶモデル）

エロ本の付録ＤＶＤのカラミちゃん企画で、女の子のいろんな部分を測るという撮影に行った。女の子は、かなちゃん（仮名）という素人ＡＶモデル。その子の自宅で撮影するということで、中野の沼袋にあるアパートに向かった。かなちゃんの部屋の隣の部屋の玄関のドアノブに何かがぶら下がっていた。血のように赤い絵の具が塗ってあるウサギのぬいぐるみだった。スタッフの女性はすごくビビっていた。

小さい玄関から、小さくてずんぐりしていてキリッとした顔立ちのかなちゃんが笑顔で迎えてくれた。靴が４足もあればいっぱいになってしまう玄関の横には、おままごとみたいなミクロなキッチンがあった。その隣にあるドアを開けて中に入ると、目の前はすぐに壁という狭さ。４畳半くらいの正方形で、ロフト付きだから天井が低く、まったく女の子っぽくない部屋で、殺風景というか、ばっちかった。

青紫色のスケルトン素材でできた19インチテレビの横に、チョロっと漫画が置いてある。他にあるのは、ペットボトルがいっぱいに入ったゴミ袋がひとつと、6個重ねて置いてある服が入ったプラスチックケース。ばっちく見えるのは、にわかせんべいの箱がやたらあるのと、ゴミと見分けがつかないものがテレビ台の上にあるからだった。カワイイものや色味のあるものが一個もない。窓にはカーテンがないし、天井から吊り下がった電球の傘が、ロフトの床に引っかかって傾いていた。

その部屋のフローリングに、大人5名が小さく座り、まずは自己紹介をした。

人懐こい笑顔のかなちゃん。だらしなく足を広げて女の子座りしている。むちむちした太ももの向こうに小さく白い三角形がチラチラ見えた。まったくこう、陰《かげ》りのない感じでカラカラと笑って、「いま働いて帰ってきたんです」と言う。

朝5時から10時までヘルスで働いているらしい。「朝5時からお客さん来るんですか?」と聞くと、「朝まで飲んでこれから帰る人とか〜、あと私を指名してわざわざ始発で来てくれる人とか。多いのは学生さんかな。朝は安いですから」

彼女の後ろにある小さいCDプレーヤーからGO!GO!7188の曲が流れている。

風情がありすぎてシビれた。

床に並んでいる漫画は、『ラブ★コン』の第16巻のみ1冊、『ブリーチ』第28巻のみ1冊、江國香織『ぬるい眠り』、『サムライカアサン』全巻、『のだめカンタービレ』全巻、そして『XXXHOLiC』が1冊。その上に、『ビリーズブートキャンプ』のDVDが1巻だけ乗っかっていて、その上にごちゃごちゃした小物があるのだが、その中に未使用袋入りのタンポンが1本、堂々とでもなく恥じらうでもなく、ただ置いてあったりする。

「椎名林檎と同じ高校なんですよ。私のほうが5つ下なんで会ったことないんですけど。もし同じ校舎にいたら、絶対追っかけて東京出てましたね。林檎大好きなんで」

と語るかなちゃん。

メイクさんが、かなちゃんのメイクをしているあいだ、みんなで喋った。

「ヘルスは自分の天職ですね」とかなちゃんが言う。何よりもフェラチオには絶対の自信があるらしく、「ある時、口の奥まで入れてもオエッってならないコツを見つけたんですよ。喉の奥までちんこを当てられるから、膣の再現ができます」とのこと。

私が話を聞いた風俗嬢は、彼氏の借金を返すためにやってる人が大半で、「早くやめたい」とか「でもまだやめられない」とか、暗い話しか聞いたことなかったから、「こんなふうに明るく語る人っているんだな」と思った。

かなちゃんは「ちんこが大好き」らしかった。技に自信があるから、射精に導くのが楽しいという。本当に楽しそうに話していた。

女の友だちによくフェラチオのレクチャーをするとのこと。男の友だちで「プロの技を味わってみたい」という人がいれば、快く無料で、というかその場で提供してあげるという。オープン全開である。

提供したことがある男友だちと、もうひとり女友だちと3人でお部屋でお喋りしていた時、女友だちがフェラのしかたを聞いてきたので、「じゃあ、練習棒貸して」みたいな感じで男友だちを練習台にし、「こうやんの。はい、じゃ、やってみ?」と渡し、女友だちが実践練習で技を習得した日があった、という話を聞いた。その男の子と女の子は初対面だったらしい。

カップルにもフェラチオ&クンニ講座をして、友だちの前で、その友だちの彼氏のテインポーンをくわえてやって見せたこともあるという。

女の子とするのも平気らしく、

「気持ちヨクしてほしいって子がいたら、ちょちょってやってあげますよ～」

そう言いながら指2本を突き立て上下に動かしながら、無垢な笑顔で私の目をしっかり見てくる。私は思わず目を逸らし、

「え……っ、じゃ、じゃあ、女のあそこも舐めれるんですか」

と聞くと、

「大丈夫です！　舐めれますね～」

どこをどの強さでどう舐めるか、みたいな具体的な話をし出したので、ちょっと困ってしまって、話を逸らした。とにかく他人の体に興味があってしょうがないという感じで、もちろんいまここではじめて会っている4人に対してもひとりひとりの体に興味を持っている。

まあ、全体的にヘンだけど、かなちゃんみたいな子と飲んでおしゃべりしていたら、自然にそういうおしゃぶり的なことをしてしまう人がいるのは、まったく異常ではないと思っ

た。

かなちゃんはとても友好的で、私も「いい子だな」と思ったし、もっと話してみたくなった。かなちゃんという人が大好きになった。だけどその反面、自分とはすごく遠い存在の人だというのも強く感じていた。

その頃の私は自分の事を、風俗とかAV業界にいる人たちや現象に人一倍興味を持っている人間だと思っていた。だけど同時にその世界をものすごく警戒している自覚もあった。

実家に住んでいることができなくて飛び出し、だけど一人で暮らす経済力を稼ぐ勇気もなくて、自分の事を「ブタ」と呼ぶ高学歴彼氏に結婚してもらわなきゃとしがみ付いていた20代前半を過ごしたことに劣等感があったから、かなちゃんみたいに21歳で既に自分の力一つで稼いで一人暮らししていてしかもその仕事を楽しんでる女の子に会うと強烈な尊敬を感じ、自分がいたたまれなくなるほどだった。同時に、軽蔑的な感情が自分の中にあることも知っていた。

それはやっぱり、こちらのことを一切考えないガスコンロSEXしかしない彼氏に「ダルマ」と呼ばれる生活でも、住居を失ったら、初めて会った人とセックスみたいなことをしたり他人の前でセックスしたり、そういう仕事をしなければいけないんだ、という自分への追い込みが根っこにあったからだが、当時は自分の中に軽蔑もあるなーくらいになんとなく思っていた。

尊敬も軽蔑も、どちらも「自分にはできないと認める」という意味では同じことだから、風俗嬢やＡＶ嬢に対して自分が持っている、蔑みと劣等感、矛盾した過剰な感情、これは尊敬と軽蔑、どっちなのだろうかという思いがあった。かなちゃんに会った日、それが両方であるということがわかって「敬蔑しているんだ」と自分を納得させたのだった。

撮影がはじまると、今度は私がエロい質問をして、かなちゃんが恥じらうという、さっきと逆の立場になる。

エロ本についている付録ＤＶＤの中のフザけたオマケ動画の撮影なのだが、別にセリフが決まっているわけじゃないから適当に喋らなきゃいけなくて、脱いでもらうタイミングもアドリブだから、理由をつけて服を脱がすのだが、ダンドリもなんにも決まってないから、必死で喋りまくって脱がした。脱がすといっても、脱ぐことは決まっているのでそんなに大変なことでもないが、あぶら汗をダラダラかきながら、かなちゃんの太ももを下りるパンツを見つめた。私の姿はまったく映らないで声だけの出演なのだけど、「これってAVみたいなもんだな」って思った。ギャグ系のAVでよく、女のスタッフが声だけ出演してAV女優に言葉責めをすることがあるが、観る人にとってはあれとなんら変わりないのでは？　という思いが頭をよぎる。

私は「かなちゃんの、乳首の高さを測りた〜い！」と言ったのだが、普通に測ってもつまらないかなと思い、「ビンビンに勃った状態を測りた〜い！」と言った。観る人へのサービスのつもりで必死で汗だくでしゃべりながら、乳首を勃たせるために定規でかなちゃんの乳首をつんつんした。当然だがなかなか勃たず、「どうどう？　勃ってきた〜？」とか言ってつんつんしまくっている間、「私……なにしてんだろ？」と、我に返らないように意識を乳首に集中させた。「いや〜ん」と言いながら、体をクネクネするかなちゃん。ふと彼女の顔を見ると、すっごく綺麗な瞳で私を見ていた。びっくりして、ウッと息が逆流した。こんな風に活き活きと人前で裸になれるなんて、なんか、うらやましい。

帰る時、かなちゃんは「楽しかった！」と言って、コートの上から私の胸を両手でもみもみしてきた。私も、かなちゃんのおっぱいをもみもみする真似をしてふざけた。

この頃から、裸の仕事をしている女の子に対しての緊張がなくなっていった。

風俗に行くのは「気持ち悪い男」だけ

アスナちゃん（19歳／素人AVモデル）

「女の子のいろんな部分を測りたい」企画の第2回の撮影に行った。部屋も貸してくれるAVモデルの手配ができなかったとかで、その編集部のスタッフの女性の部屋でやることになった。

湾岸にある新しくて立派なマンション。スタッフがカギを預かっているので勝手に入る。部屋の持ち主はいない。エロ本の撮影では、こうやって誰かの部屋を1時間数千円単位で借りる、ということがよくある。編集者の友人や知人などまったく知らない人の部屋で、その部屋の住人は同席しない状態で行うことは普通だった。

マンションの最上階、4LDKくらいの部屋だった。お母さんと弟と3人で住んでいるらしい。部屋に家族は誰もいなかったけど、ここで女の子の裸を撮っていいのかなと思った。毛が猛烈に長くてピロピロしたセレブ犬は在宅中だった。

お父さんはいないんだ……離婚したのかな？　と思ったら、ドアが開いたままの小さい部屋の中におもいっきりお父さんと思しき遺影があって、「おわ！」と小さく声が出た。とりあえず部屋の外から手を合わせた。

この日のAVモデル、アスナちゃん（仮名）が到着。猫顔の19歳。メイクさんに「別人にしてください」と何度も言っていて、「この仕事バレたらやばいの？」と聞かれ、「はい！」と言っていた。

遺影部屋の隣の部屋で、撮影がはじまった。

「おっぱいが見たいな！」と私が頼んで脱いでもらい、「勃った乳首の高さ測るから、ビーチク勃たせて〜！」とお願いする。アスナちゃんに自分で乳首をコリコリさせて高さを測った。前回のかなちゃんの撮影の時、自分って、責め役としてAV出てるのと変わらないなと思って、今回は本人にやらせることで保身に走った。

アスナちゃんは、今までみたAV女優、AVモデルの中で一番やる気がない人だった。バレたくない、やる気ない、だったらやんなきゃいいのにって思った。

が、いかに自分が手を汚さず乳首を勃たせるかを実行することで、この仕事のモチベーションを保ち、自分への言い訳を取り繕っている私も、彼女と同じ立場の人間だと気づき心に風が吹く。

アスナちゃんはやる気のなさ全開なくせに、スタッフには「サクサクやっちゃいましょ！」とか言ったりするので、イラッとした。

だが話してるうちに、実は「処女を喪失したのはたったの2か月前の3月3日」だと分かった。2か月前にはじめて男とヤッたのに今はハメ撮りや汁男優から顔射されるのを生業にしているという急展開ぶり。聴覚すべてを総動員させアスナちゃんの話に聞き入った。

この日は5月上旬だった。3月に初体験をし、4月に女子大に入り、この2か月でキャバクラのスカウト、ホストなど好きでない男5人とそれぞれ一回ずつセックスしながら、生まれて初めてのアルバイトとしてファッションヘルスを始めた。が、いくら洗っているとはいえ、知らないおっさんの性器を咥えるのに耐え切れず3日で辞めたという。そしてお店の人に勧められるままおっぱいパブに勤め、そしてさらにそのお店の人に勧められるままナンパモノ中心の素人AVモデルになったとのことだった。

アスナちゃんは自分からどんどん話していた。「セクキャバはじめてから、揉まれてるからか、胸が大きくなった」と誇らしげに語り、「5人としたけどみんな小さくて気持ちよくなかった。AV男優さんはうまいしでかいし、本当にイイ！」など。

「どうしてAVをはじめたのか？」と聞いたら、「きれいにお化粧してもらえるしー。お金欲しいから？」と疑問形で言っていた。驚いたのはAVというものを一度も観たことがないということだった。

「二人きりで撮るのってハメ撮りって言うんですよね？」とか聞いてたし、AVというものの存在自体の意味や意義やそれに付随するリスクとかなんだとか、そんなもんはたぶん何も実感がないんだという感じだった。

月に4、50万、ホストにつぎ込んでいるという。歌舞伎町にあるホストクラブのひとりに恋していて、営業電話が来る前に自分から行ってしまうという。そしてお酒を飲んでとにかく泣く。「涙拭いてもらったりなぐさめてもらうのが快感！　あー早く行きたい！　でも、お金ないから行けないの！」と言う。

その好きなホストの写真を見せてくれた。両眉毛がおでこに作る角度が120度くらいになっちゃってるギョロ目の、まさにまんまホスト！　って男だった。

「この人のこと好きなら、好きじゃない人とするよりこの人とエッチしたほうがいいよ」と撮影スタッフのみんなが言うと、「好きな人には絶対裸は見せられない！」と断固として言い切るアスナちゃん。

思い切って聞いてみた。「でもさ、このホストの人がさ、今撮ってるこのDVDを観る可能性もあるよね。これ、コンビニに売ってるエロ本についてるDVDだし。そうやって間接的に見られるのは大丈夫なの？」というと、間髪入れずに「観るってことは絶対にありえなくないですか？　これ、どういう雑誌？　エロいやつでしょ？　絶対ないっしょ」と早口になった。

スタッフも「田房のやつ何を言ってるんだ（せっかく撮ったのにやめるとか言い出したらどうすんだ）」という感じで、「まあ、観る確率が高いってわけじゃないから、大丈夫だろうね」とフォローした。アスナちゃんは安心していた。

彼女の中で、男は「自分の周りにいるどうでもいい男たち」と「好きな男」と「ヘルスに来る気持ち悪い男」に分かれているらしかった。エロ本やAVを観たり、風俗に行く男は、「気持ち悪い男」だけと思い込んでいる。「水は凍るとコンクリートになる」と

いう間違った知識を持ったまま、疑いもせずにガツガツと薄く凍った池の上を歩くような危なっかしさ。

ギョロ目のホストは、同伴出勤のとき、ご飯を奢ってくれるという。

「どんなとこ連れてってくれるんですか？」とスタッフが聞くと「えっと……」と口ごもったので、スタッフが「まさかデニーズじゃないよね？」と聞くと「まさか〜……うどんとか……」「うどん⁉」「うどん奢ってくれましたよ〜」「4、50万使ってるから、もうちょっとねだってもいいんじゃないの？」「え〜！　好きな人にねだったりとかできなくない⁉　それに普通、ホストって同伴でオゴらないし！　『俺、ホストっぽいこと嫌いだから』って言う人だからさー。１０００円くらいの奢ってくれるしー充分だし！」

アスナちゃんは1時間のうちにジャガビーというお菓子をひとりで一箱ポリポリポリポリ食べきっていた。食べ終わると次はいちごポッキーをずっとポリポリポリポリ食べていた。

私は帰宅してから、彼女の言っていたホストクラブのHPを検索し、ギョロ目のあいつを探した。新潟出身の純粋な素人AVモデルの心を摑んで離さないその男、名前は「庵（IORI）」だった。

アスナちゃんがワルぶって「一〇〇万とかひっぱれるオヤジ抱えてる子、超うらやましいから」と話しても、そういうワルい世界や感覚が彼女に密着してる感じがまったくしない。むしろワルぶるほど、彼女の無自覚な代償の部分が際立ってこっちが冷や汗が出てくる。でもアスナちゃんは自分にオイシイことを言ってくる人の言葉しか脳に取り入れないから、こちらが冷や汗を出す必要もない。他のスタッフもずっと苦笑いでやり過ごす。アスナちゃんとの会話は、内容も関係性も全てが虚しい感じがした。

私はこの時、アスナちゃんはいずれAVの本当の意味を知って慌ててやめるだろうと思った。そういうやめ方でやめてほしいと願った。自分の負っているリスクを把握してほしい、というような。

別の言葉を使えば「自己責任」の話だ。本人がリスクも含めて納得してやっているかどうか、かなちゃんみたいな子だと安心して仕事ができるけど、アスナちゃんみたいな子は困る。なぜかというと、こちらが騙しているような悪いことをしているような気持ちになるからだ。エロ本や風俗やAVで裸になってセックスをする、見せる仕事の女の子は「分かってやっている」「好きでやっている」というのが前提にないと、安心して一緒に仕事ができない。つまり〝萎えて〟しまう。

こんなことを考える自分は一体なんなのか、ワケが分からなくなっていた。「あなたはこんな仕事、向いてないよ、やめたほうがいいよ」と、自分は〝安全〟な立ち位置から思う。男によって男のために作られた世界の中で、女としてどこに意識を置いていればいいのか分からない。

マニアックなエロ本の編集長をやっていた女性が言っていた。

「一番つらいのは、たくさんの宣材写真の中から、モデルを選ぶ時。徹底的に『美しいかどうか』だけで判断しなきゃいけない。美しくなきゃ『使い物』にならないから。美しい人を選ぶっていうのは、そうじゃない人の粗を見つけるってことでもある。女の人をそういう風にピックアップする作業は、全然楽しくなかった」

AV制作会社に勤めていた女性からこんな話を聞いたこともあった。

「道を歩いてる女の子に声かけてそのまま雑居ビルとかに来てもらってエロいことしてもらう、ってAVよくあるじゃないですか。あれ、本当にリアルに歩いている人に声かけてて、私も声かける係をやったんですけど、結構みんな簡単にAV出ちゃうんですよ。AVだって分かったら帰っちゃう人もいるんだけど、内心ホッとする。私、女なのに女をAVに放り込むなんて、何やってるんだろうってキツかったです」

私も自分がこの場にいる違和感が気になりはじめていた。

第4章　エロ本を作る男たちと私

「不幸な女は最初からはじく」

中出しAV監督

男性向けAVには、様々なジャンルがある。その中のひとつに「中出し」がある。「中出し」というのは、避妊せずに中に出すということ。性病や妊娠のリスクがあるため、本来は子作りの時にしかしてはいけないことである。

そのためエロ本の中では「夢」扱いされている中出し。

中出しAVを撮っている監督にインタビューに行った。中出しAVの第一人者と言われている方である。

一対一で話を聞いている間、私は相槌に困ることがあった。頭の中で「なんだそれ、ひでえな」と思っちゃったりするから。インタビュー記事の内容は「中出し監督vs女代表」ではなくて、「中出しの達人に聞く！　女に中出しを許してもらう口説きテクニック！」という、その時点で「は？」という企画であり、達人に聞くまでもなく「子作り以外に許されるわけねえだろ！」という答えしかないページなのだが、とにかく読者も編集者も、男たちは「中出し」に興味があって仕方ないので、それに沿ってインタビューを展開させなければならない。男だったら「い～っすね！　夢っすよ！」とか言えるけど、女の私がそんなこと言ったらおかしい。監督も、こういう話は女より男のほうが話しやすいだろうなと思った。

100人に中出ししたが、妊娠した人はひとりもいないという監督。どうしてなのか、と聞くと「まあ、ピルってもんがあるからね、物理的にしないいんや」という答えに続き、「あと、不幸な女は最初からはじく」と言っていたのが印象的だった。

「幸せな人ってさあ、基本的に運がいいから、プラス思考なんよ。あんまり深く考えないんだよね。迷宮せえへんねん。逆に幸薄い女と現場で会うと、なんか分かんねん。『ああ、こいつなんかトラブル起こしそうやなあ』って。単に濃い精子ぶち込んで妊娠するかどうかやなくて、その女の将来に何が起こるかどうかを見て中出しするわけやん。そういうこと大事よ。こいつに出したらあとでモメるんちゃうかなとか、見るからにさげマンみたいな女はやっぱ撮影で妊娠するようになっとんねん。その見極めが大事よね」

私はその感覚はすごく良く分かった。言ってることは分かるのに、話が「中出し」についてなので、全力で「分かります！」とは言えず、歯切れ悪く首を揺らしてうなずくだけだった。

「こちらのプーさんは、漫画家の田房さんです」

エロ本編集者・小此木さん（29歳）

　AV女優のグラビア撮影の現場に行った時のこと。エロ本編集者の男性、小此木《おこのぎ》さん（仮名）がAV女優さんに私を紹介する際、「こちらのプーさんは、漫画家の田房さんです」と言った。私は、自分の後頭部に右手をあて「どーもー、よろしくお願いしまーす」とニヤニヤして言いながらも、頭の中は「プ、プーさん……？　プーさんって何!?　太ってる人って意味……？　だよね……？」と、頭の中には「ガ～ン！」という擬音が飛び出した。

　理性では、「大人なんだからこんなことでいちいちショックを受けていてはいけない。しかもプーさんと呼ばれるほど太っているのは事実ではないか。ショックを受けているとバレたら恥ずか

しい。トドとか言われるよりは、プーさんでよかったではないか……。うん、プーさんでよかった、うん、かわいいもんね、プーさん……」などと思っているのだけど、それとはまったく別の所、つまりハートがギュンギュンとショックを受けていて、気を抜くと顔が勝手に暗くなってしまいそうだった。

しかし考えると、小此木さんが所属する出版社の女性編集者は、頻繁にこういう扱いを受けている。女性編集者のMさんは、小此木さんや他の編集者やカメラマンの男性から「馬ヅラ！　ニンジン食うか？」といつも言われてるし、もうひとりの女性編集者は、常時ハイテンションで、自分からズボンを脱いで陰毛を見せてきたりする。男性編集者たちに「うぜーよ！　しまえよ！」とか言われてる。

「男性向けのエロ」を扱う場では、そこで働く女の存在が微妙なものになってくる。AV女優はその場で裸になる。グラビア撮影なのでセックスはしないが、女優がストレスなく過ごせるようにみんなすごく気を使う。

AV女優を「素敵だね、可愛いね」と、女としての最上級の立場に置くのは当然だが、さらに女性スタッフをわざわざ「ブス！」とののしるのは、裸の現場だからだと思う。

今日の髪型かわいいねー
ハイじゃ撮ります
キレイですね
おまえ〜ほんとブスだな！
めちゃめちゃキレイ!!うあー
すごくいいね
すごいエロいや！いいね！

ひとりだけ裸になる、という行為をしている女がみじめさを感じないようにするために、女性スタッフを先にみじめな立場に置く。「脱いでる女」と「脱いでない女」の格差を最大限につけることによってバランスをとり円滑に進めようとする動きが、男性編集者たちの中で無意識に起こっているのだろうと思う。その時に男性スタッフをののしっても仕方がないわけで、「脱いでない女」を使う必要がある。

そういったことがだんだん分かってきたので、プーさんと言われてもあまりショックではなくなった。

その後のグラビア撮影の時、ものすごいスケスケのエロ下着が用意されていて、「Mさん、間違えて着ないでね。そんな写真いらないから」と誰かが言い、みんなが笑っていた。そこで私が「着ましょうか?」と言うと、男性たちが一斉にこっちを向き、「もっといらないですから」と言って、みんなで笑った。

Mさんは「馬ヅラ」と呼ばれて「もうッ!」というリアクションを取り、もうひとりの女性編集者はあえて自分から脱ぐ。私は脱がない代わりに、けなされるようなことを自ら発言するという立場を見つけた。自分の位置がわかり、それを実行し、みんなが笑うのは心地よい。

しかし同時に、心の奥には薄ら寒さも浮き上がってくる。好きな男と一緒にいる時なんかよりも、「プーさん」として話さなきゃいけない時間が一番、自分の中の女を感じる。

「君の肌、なんか触りたくなる」

ライターの先輩・近藤（30歳）

26歳の私は、プライベートでは「セックスしたい」のと、仕事では男の欲望を全肯定しているフリをしなきゃいけないのとで頭の中がグチャグチャになっていた。だけど、そんなグチャグチャがバレないよう、とても秩序のある人間を演じていた。

その平静を乱す男がいた。ライターの先輩の近藤（仮名）である。

近藤は目が小さくあごがしゃくれたウリのような顔をしていて、とにかく下ネタしか話さない。若い編集者に彼女ができれば、近藤はすかさず「彼女とはどんなセックスしてるの?」と真顔で質問する。「いや、そういうのは言いません」と若い編集者が拒否しても「じゃあ、これだけ教えて！　フェラチオでイキましたか?」「じゃあ、じゃあ、彼女はイってますか？」「じゃあ、これだけは答えて！　中出しはしましたか？」などと続けていた。

近藤と私はよく取材を一緒にしていた。ふたりで道路を歩くような時、近藤はいちいち真面目な顔で私の肩をグッと押して移動させ、自分が車道側になったり、打ち合わせ中に突然顔をじーっと見てきて「永子ちゃんて、肌がきれいだよねー、なんか触りたくなる。あっ、変な意味じゃないからね」と明るく言ってきたりする。普通の仕事だったら即アウトというか、エロ本の仕事でもこんな男は珍しかった。

近藤は隙あらば日々、毎日、出会う女性すべて、それこそコンビニの店員にも着々と「俺、君のこと、女として意識してるよ」というアピールを行う。それを隠さず軽薄さがハンパないので、うざったくてあしらっているのだが、一緒の環境にずっといると次第に「セックスしたくなったら、落ちてきてね」という近藤からのメッセージがこちらの脳に侵入してくるようになる。

気づいた時には、私は「近藤の崖」のふちに追い詰められていた。近藤は日々、私に優しくしたり気遣ったり、女扱いすることで、私を近藤の崖まで連れてきていたのである。「ほんとキモいな」と思いながらも、まともなセックスがしたいけど相手がいなくて困っている私にとっては、だんだん近藤が「一番の適任者」に思えてくる。近藤が追い詰めてくる「近藤の崖」。その下を覗くと、全裸の近藤が仰向けになって待っている。いつでも準備万端で股間を勃起させ、女が落ちてくるのを煙草を吸いながら気楽に待っている。横を見ると、私以外にも近藤に崖まで追い詰められている女たちが見えるような気がした。

「こないださ、例のコンビニの店員の子がうちに来たいって言うから、いいよって言ったらほんとに来て、セックスもしたいって言うからした」

近藤の崖を落ちながら、コンビニの店員、飲み屋で会った人妻、女たちの服は脱げていき、近藤の崖下に勃つ近藤の棒にスポッ！　と着地するようになっている。

私も近藤の崖上で、グラングランしていた。だけど落ちてしまったら、近藤のような男は「俺は誘ってないのにな」という態度をとるのは必須で、当時の私はそんな割り切ったセックスが恐ろしくて、でももう、崖の上でめまいがするほど近藤の色香にくらくらさせられていた。仕事では、近藤の横で結合部分ドアップのＡＶを１日30本観てその興奮ポイントをレビューに書かなければならない。地獄だった。

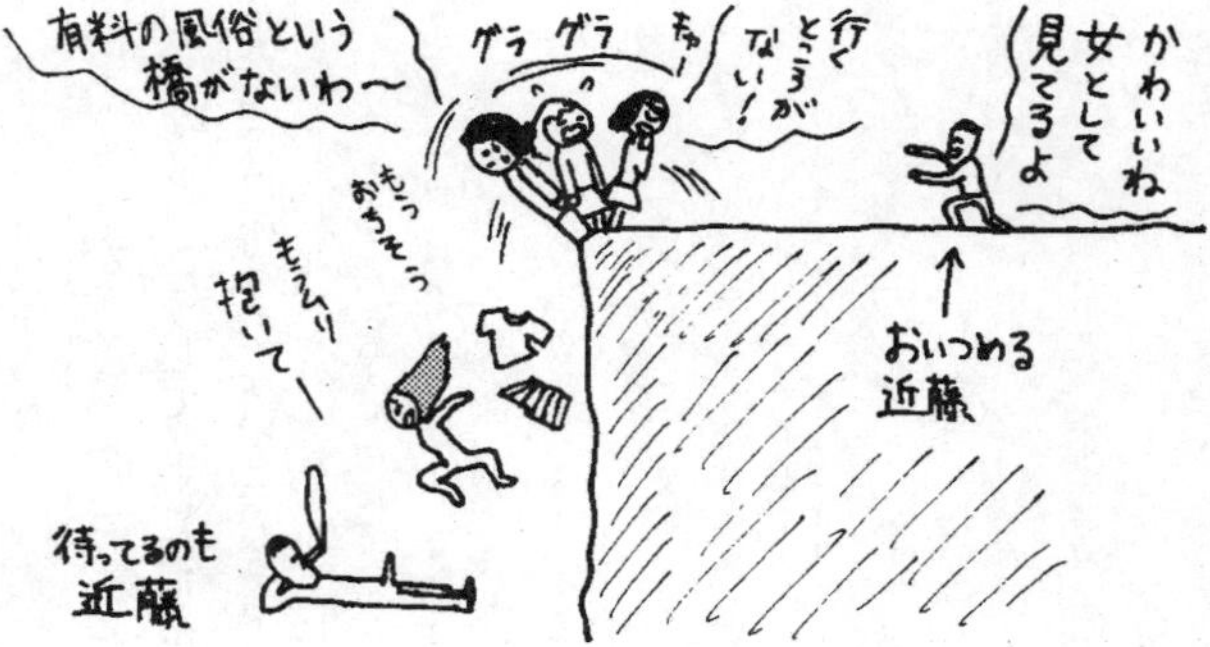
かわいいね
女として
見てるよ
おいつめる
近藤
行く
ところが
ない!
ちゅー
グラグラ
有料の風俗という
橋がないわ〜
もっ
おちそっ
もうムリ
抱いて―
待ってるのも
近藤

たった一回、安全なセックスが金で買えたら、どんなに健康に過ごせるだろう。男はそれが認められている。女は、こうして苦しむしかない。「童貞の苦しみ」が鼻で笑えた。この頃から、「女性向け風俗」がないという不平等さに本格的な怒りを持つようになっていった。

1日一緒にいても苦ではなかった
エロ本編集者・立花（27歳）

立花（仮名）は、エロ本の編集プロダクションの社員だった。顔が小さくて背が高く、目がキョロっとして、アイドルみたいな可愛らしい顔をしていた。ただ、会話の最中、かなり頻繁に「てやんでい」的に手のひらで鼻を押し上げる癖があり、普段の顔とてやんでい顔のギャップがかなりあった。

他の点でもギャップがあり、休日は仲間と「警察に言えないもの」で楽しんでいる、とのことだった。「あれなしじゃ、人生楽しくない」というようなことを言うので、「どういう風に楽しいんですか？　どんなことになるんですか？」と聞くと、「机が曲がったりする」と言っていた。机などの家具が曲がっ

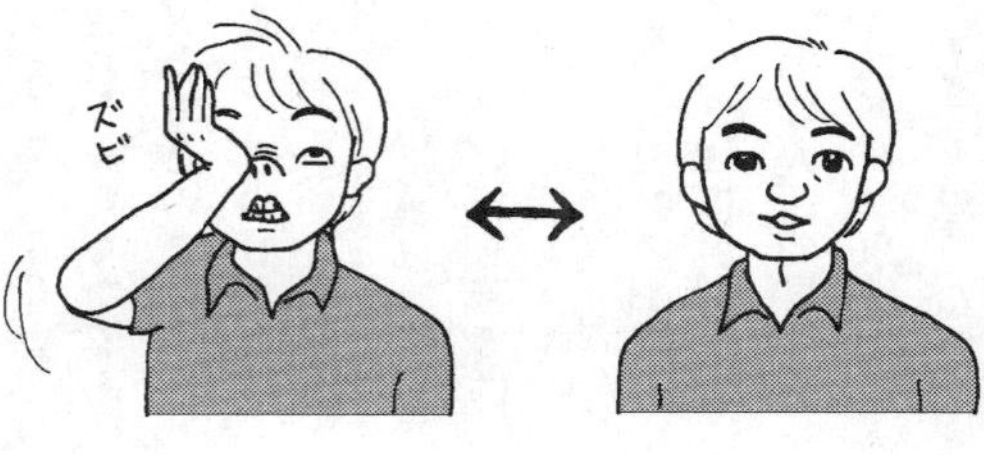

て見える、という意味だったのだが、机が曲がらないほうが楽しい気がした。「あとは、どんなすごいことが起こるんですか?」と聞くと、「ピザがめっっっっちゃ旨くなるんだよ!」と興奮気味に言っていた。旨すぎてLサイズをひとりで食べきるとのこと。法を犯さなくてもピザは旨いだろ。立花って面白いな〜と思った。立花は、私の好きなキャラクターグッズを旅行先で見つけてお土産でくれたりした。

私は比較的、立花には緊張せずに済んだので、取材回りで1日中一緒にいても苦ではなかった。

取材が終わりふたりで駅までフラついていたら、でっかい陸亀を散歩させてるおじさんがいた。よく晴れた昼間、緑のある空き地だった。立花は社交的なのでおじさんに話しかけ、亀に触ったりした。私も亀の手とかを触ってみた。陸亀の頭部は人間の男性器に酷似しており、「似ている……」とばかり思った。しかも亀は草を食べながら時たま「ハァ〜」と人間のため息みたいに渋い声で息を吐くので、「エロすぎる」と思った。おじさんに「亀を持って移動したりすることはあるんですか?」と聞いたら、顔に優しさがあふれているそのおじさんは「こうやって持つんだよ」と持ってくれた。

その持ち方が亀の後ろから腰部分を持って、お尻を自分の下腹へ当てて持つという格好だった。つまり亀は頭部が空へ向かって斜めになっており、おじさんが己の巨大な勃起したチンポを持っているみたいな体勢になっていた。しかもその亀は全身ベージュ色だった。

おじさんと別れ、立花と「チンチンにしか見えなかったね～」と楽しく笑った。

そんな立花がある日、「合コンしよう」と言ってきた。そう言われることはよくあったので、私には合コンになると招集するメンバーがいた。立花は「うちの家でやろう。ツイスターゲームもしよう」と具体的に合コンのプログラムを提案してきた。招集メンバーに伝えると、「それ、ヤリコンしようって言ってるんだよ。乱交とか狙ってるのかもよ。やめといたほうがいいよ」と教えられた。立花がまさか私にそんなこと言うとは思ってなかったので、「家でツイスター＝あわよくば乱交」という方程式を理解するのにしばし時間がかかったが、断った。数時間、悲しみのようなものが胸に去来した。

「じゃあ、うちに来ればいいですよ」

小此木さん

当時、私はゴールデン街のバーでバイトをしていた。酒が一滴も飲めない自分には、カウンターの中で酒を割ったり酔った客と話す仕事はまったく向いていなかった。本当にイヤでイヤで仕方なくて4か月で辞めてしまったが、やっているあいだは「雑誌編集者が来て仕事がもらえるかも」という希望だけを胸に、自分の漫画が載っているエロ本を持って行って客に見せて時間をしのいだ。

そのバーにやってきたエロ本の編集部一行の中に、小此木さんはいた。そのあとすぐに小此木さん担当でカラミちゃんとしての実況や誌面の漫画連載をもらえた。この編集部は初めてDVD付きエロ本を作った人たちで、そのDVDのメインはオリジナルのハメ撮り動画だった。つまり小此木さんたち男性編集者が男優をする。なので私は毎月、小此木さんのセックスをDVDで見ていた。バイト先が同じでAVモデルになっていたB子さんの相手も小此木さんだった。男性編集者や男性ライターがエロ本のグラビアにモデルとして出たり、AVに出演したりすることは珍しいことではない。

小此木さんは、エロ本編集者になりたくてなった人だった。

「引きこもりだった23歳のころ、毎日7、8回オナニーしてたんですよ。そうするとね、最後はもう何も出ないんですよ、精子ね。何も出ないのにこすっちゃうんですよ。そうするとね、精子の代わりに涙が出てくるんですよ、ほんとに。その涙は寂しさの涙なんですよ。寂しくて涙が出るんですよ、チンコ握りながら」

「今の仕事に就けてよかったですね」

「ほんとうに良かったです」

小此木さんはかみしめるように言った。

ハプニングバーへ取材に行った時、他の客から「脱～げ、脱～げ」とはやし立てられ、小此木さんは脱いだ。私にも「くーわえろ、くーわえろ」と手拍子が鳴った。無理強いしてはいけないという決まりがあるので、私が「イヤだ」と言えばみんなもやめてくれる。だが、少しくわえてダブルピースとかしてこの場を盛り上げるのも大人のたしなみかもしれない、とこの時は思った。小此木さんとは映画や漫画の趣味がバッチリ合うし、嫌いじゃないし、女の体や性器が好きすぎて女たらしでちょっとおかしいところもあるけど悪い人じゃないし、お世話になってるし。と頭がフル回転し、立っている小此木さんの足下に膝立ちになり、露出した股間へ顔を近づけてみた。「おお〜」とどよめく客たち。小此木さんの顔を見上げると、眉をハの字にして困ったような期待してるような見たことない顔をしていた。私は全力で後ろへ下がる力を体の中に感じ、「やっぱ無理です」とその場を離れた。

その頃の私は、「ガスコンロSEX」の彼氏、太郎と同棲している家に帰るのが億劫で、ファミレスやインターネットカフェで夜を明かすようになっていた。

小此木さんと電車に乗っている時。

「彼氏がすごくお金に厳しいんです。私の銀行のオンラインカードを預かるって言われて、私の収入とか支出を毎日チェックして、ちょっとでも下ろすと家で怒られるんですよ。それがすごく不便だから別の銀行の口座作ったんで、小此木さんの会社からの振込みはこっちに変えてもらっていいですか」と話した。「なにそれ⁉」と驚くので、「彼氏、ケチですよねえ？　結婚するのに……こんなんでいいのかなって思うんですけど、どう思います？」と聞くと「結婚するも何も、田房さん、ぜんぜん幸せじゃないじゃないですか」と言われ、私は「自分が幸せかどうか」なんて視点で物事を考えたことがなかったので、ビックリした。

「ほんとだ、私、幸せじゃないですね。ほんとだ……」

「どうするんですか、別れちゃうんですか？」

「去年一度、別れようと思って家を探したんだけど、一人暮らしって大変そうだなって思って、怖じ気づいちゃったんです」

「じゃあ、うちに来ればいいですよ」

「え～、ははは、いいんですか……」

「いいですよ～」

その時は、なんとも思わなかった。だけどこのあと、急にエンジンがかかり、ものすごい勢いで走り出した。「太郎と

の別れ」という道を。不動産屋へ行く勇気がない……とくじけそうになっても、「もし何かあって住むところがなくなっても、小此木さんちがある」と思うと前進できた。

実際は小此木さんちに行くなんてあり得なかったけど、「小此木さんちがある」という呪文は、あの時の私にとって、息継ぎのためのストローのような感じだった。

何年も、住み込みで風俗の仕事をするという最も避けたい生活を常に頭に置いて、自分を「ブタダルマ」と呼んでくる彼氏との生活をまだマシと毎日思って耐えていた。まるで、ぬっとりとした重い泥の中にいて、たまに水面に上がれた時に、口を少しだけ開けて静かに息をするような精神状態だった。「小此木さんちがある」と唱えれば、泥の中にスーッと一本のストローが降りてきてそれを咥えてやっと少し呼吸ができるようになる。

まともな呼吸ができるようになれば頭も回って正常な判断ができる。

やがて不動産屋の審査も通り、いよいよ引っ越してガスコンロ太郎と別れることにな

った。

ちょうど小此木さんに会ったので「新しい部屋が、なんか霊とか出そうな感じなんですよ。不安です」と言うと、「むしろ出ろって感じじゃないですか。その霊とセックスでもして楽しめばいいじゃないですか」と言われ、ああ、そうか、霊なら妊娠も性病もないし、人間関係のこじれもない。霊とセックスを楽しもう。そう思うと元気が出て、無事引っ越すことができた。

「愛想がないから覚悟してください」
風俗ライター・野田氏

前から好きだったライターの野田氏（仮名）にインタビューする機会があった。ネガティブなことを書く人だが、本人も相当ネガティブな人らしく、「愛想がないから田房さん覚悟してください」みたいなことを小此木さんから言われ、緊張していた。野田氏のブログを読んだら、「最近、嵐にハマっている」と書いてあったので、ちょっとでも話のタネになればと思い、嵐の最新アルバム「ARASHIC」をツタヤで借りて聴いた。嵐の歌をちゃんと聴くのははじめてだった。聴いてみると、どうしても最後まで聴いていられず、すぐに再生を停止した。

「相手はツワモノなんで、インタビュー内容の打ち合わせを綿密にしましょう」と小此木さんが言うので、野田氏に会う2時間前には落ち合う予定だったのに、小此木さんが1時間半も遅刻してきたので、ふたりでテンパリながら野田氏の待つ事務所へ向かった。

実際に会ったら、野田氏は謙虚で誠実ですごくいい人だった。ちょっと喋っただけでさらに好きになってしまった。褒めると無表情で黙るタイプの男性が、私は好きなんだ、と分かった。

そのあと、野田氏が男優として出演しているAVを観る機会があった。ドキドキした。エロ本関連の仕事をしている男性であれば、そのセックスを見てももうなんとも思わなくなっていたけど、なんかドキドキした。だけどハメ撮りなので、野田氏が一体どんなことをしているのか、よく分からなかった。それでもエロ本の仕事をしている上での「お得感」を感じたのは、唯一この時だけだった。

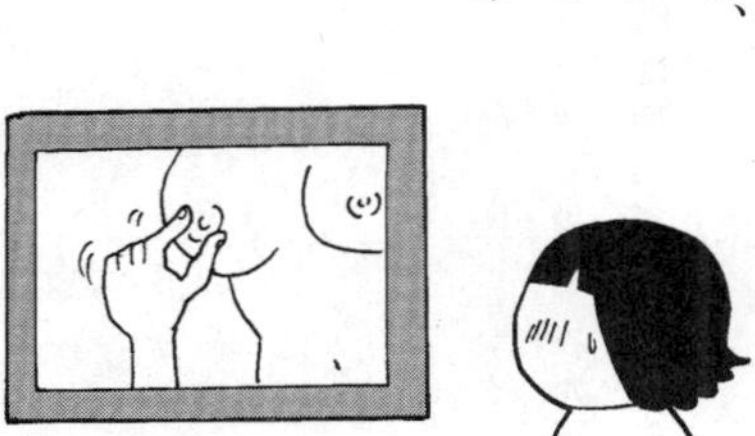

最後まで目を合わせてくれなかった

サラリーマンになった同級生

27歳の時、小学校時代の同級生の男子4人と飲みに行くことになった。正しく書くと、私以外の4人は、中学高校バラバラながらも、週1回は集まり続けた仲であり、その週1の集まりに私が参加したという形だった。私は小学校卒業と同時に地元を離れ、彼らと会うのは15年ぶりだった。

正直、信じられなかった。彼らがあれから15年間ものあいだ、誰ひとり実家を出ず、週1で遊び続けているということが。ミニ四駆やビックリマンが麻雀に変わっただけ、という事実に内心ドン引きしていた。

彼らはサラリーマンになっていた。4人中彼女がいるのはG君ひとりで、実家で同棲しているという。A君がこのあい

G君

だ終わった大恋愛について語り出した。

「あいつはマジ、いい女だった。はじめてだったからね、俺。あいつが全部。デートも、手つなぐのも、キスも……」

A君はその女の子と〝付き合った〟のは、2か月足らずで、「週に1回しか会えなかったけど、すげえ好きだった」という。「別れる前は、みんなで集まった時も、ぜんぜん俺と話してくんなくて、つらかった」とちょっと嬉しそうに言う。他の男子もうんうんと聞いている。A君は見た目が全盛期のTUBEの前田みたいで、悪くない。その女の子との関係がよく分からなかったので、「その女の子とは（セックス）やったの？」と聞いた。するとサッと会話が止まり、男子4人が凍りついたのが分かった。

次の瞬間、「そういうことは言わないの！」と、C君が私の頭に自分の左手を乗せ、その甲を自分の右手で叩

く、というツッコミをしてきた。空気としては「Aが気持ちよくなってんだから余計なこと言うんじゃねーよ」ではなく、「『やった』だなんて、女が何を言ってんだっ!」という叱りのツッコミだった。その時は「!?」と思ったが、空気がよく分からず、何度も〝下ネタ〟を口走った。そのたびに彼らが激しく動揺することが窺《うかが》え、こちらもそれに驚くという現象がしばらく続いた。

しかし私は、エロ話を漫画に描くという自分の生業について述べているだけだった。どれだけ〝エロ度1点(100点満点)の言葉〟を選んでも、限界がある。仕事での外回り先が「乱交パーティー」というだけであり、別に私が乱交パーティーに参加しているわけではないと言っても、私の口から「乱交パーティー」という単語が出るだけで男子4人は「おいおいおいおいおいおい!(笑)」と反応する。D君だけは、比較的私の話に興味を持ってくれたので一応場がもったが、A君は明らかに私から顔を逸らし、最後まで目を合わせてくれなかった。

D君

どうして〝下ネタ〟を話すのは禁止されるのか。そもそも私は最初の時点で彼らの環境にドン引きしまくってるのに、でもそれに対して「おいおいおい、15年間一緒って!

ずっと実家暮らしの人が４人でずっと一緒って！」とか言ってないのに、私は私なりに、彼らの15年間を肯定しているのに、どうして私の生業の話、私の15年間はそんな風に扱われなければいけないのか。

なんとか場をとりつくろい、飲み会は終了したが、彼らと駅まで歩いている時、悲しい気持ちでいっぱいになった。一応、A君以外の３人は「また遊ぼうね」と言ってくれた。しかしD君が「田房さんって、今日会うまでそんな人いたかな〜って思ってたけど、なんとなく思い出したよ」と屈託のない笑顔で言ってきて、びっくりしすぎて、「地元を出ないからそんなデリカシーのない発言ができるようになってしまうのでは⁉」と、凶暴な気持ちのまま、帰路についた。

その直後、テレビの情報番組で「場所をわきまえず、居酒屋などで自分の性体験を語る女は日本の恥」と言っていた。なぜ「女」限定なのか。風俗に男友だちや会社の仲間と連れ立って行き、女を買う男たちは、「日本の恥」ではないというのだろうか。

「やだな……もっかい撮ろうよ……」

AV男優・南佳也

2005年、「新宿2丁目でホモ向けDVDを買って観る」という取材をした。そのDVD店には女性の入店を断られたので、男性の友人に頼んで買ってきてもらった。その中に「南佳也」というイケメンのDVDがあった。絡みはなく、南佳也ひとりしか出てこないプロモーションDVDだった。人気ホストかなと思った。アメリカを旅する南佳也のDVDだったが、南さんは常にボーっとしていて面白かった。顔立ちもアンニュイで無表情な雰囲気も、梅宮アンナを彷彿とさせた。

その半年後に仕事でAVを観ていたら、南佳也が男優で出ていた。「AV男優だったのかー」と驚いた。現在は女性向けAVの発展と同時にイケメンAV男優も発展しまくっており、女性のニーズを満たすための存在として認識されているが、当時のイケメン男優は「ホモ向け」か、「AV女優のテンションをあげるため」の存在であった。つまり回り回って「男のためのモノ」だった。

AV撮影現場に取材に行くと、ムキムキのプロレスラーみたいな肌が真っ黒の男優が歩いていた。「AV男優を肉眼で見るのはじめてだなー。やっぱ黒いんだなー」と思ってたら、南佳也さんだった。私はその日寝ていなかったので朦朧《もうろう》としていたが、一気に全身の血液が沸騰し、「ウギャーー‼」となった。

スタッフの人に頼んで南さんの控え室に連れて行ってもらい、強引に対面を果たした。「あの、あの私、南さんのファンで、DVDも持ってます！」と言うと、「……ああ……そうですか……どうも……」とボーッとしながら言ってくれて、感激だった。一緒に写真を撮ってもらった。ちゃんとキメ顔してくれて、撮った写真も「見せて……」とチェックを入れていた。「……変じゃない？　これ……。変な顔で写ったよ

……やだな……もっかい撮ろうよ……」とおっしゃったので、もう一回撮ってもらった。顔が小さくてキンニクマンみたいでかっこよかった。

最後に「握手してください！」と言うと、「え……さっき撮影で手マンして……、まだ洗ってないよ……」と言われたが、ＡＶ男優と握手するときの醍醐味という感じがした。「あ、ぜんぜんいいです！」と言い、握手してもらった。ゴツかった。とても素敵だった。

「少子化対策に繫がる、AVが世界を救うんです!」

AV監督・村西とおる

出版社のビデオルームで小此木さんと、村西とおる監督のＡＶを観た。私は「トゥナイトⅡ」という昔やっていたテレビ番組を観て、「ナイスですね〜」の名文句で有名なＡＶ監督というのは知っていたが、作品を観たことはなかった。

ビデオの中で村西とおるは、女の子のアソコにずぼずぼとバイブを挿し込み、「イキそうになったらこれを吹け」と言ってほら貝の笛を渡していた。その、バイブの挿し込み方が若干手荒に見え、女の子が苦痛に近い表情をしているように感じた。なかなかほら貝を吹かない女の子に、村西監督は「ほら、キモチよかったら吹くんですよ!」と言う。女の子はマンコからバイブとローターのリモコンのヒモをぶら下げたまま、「プピ

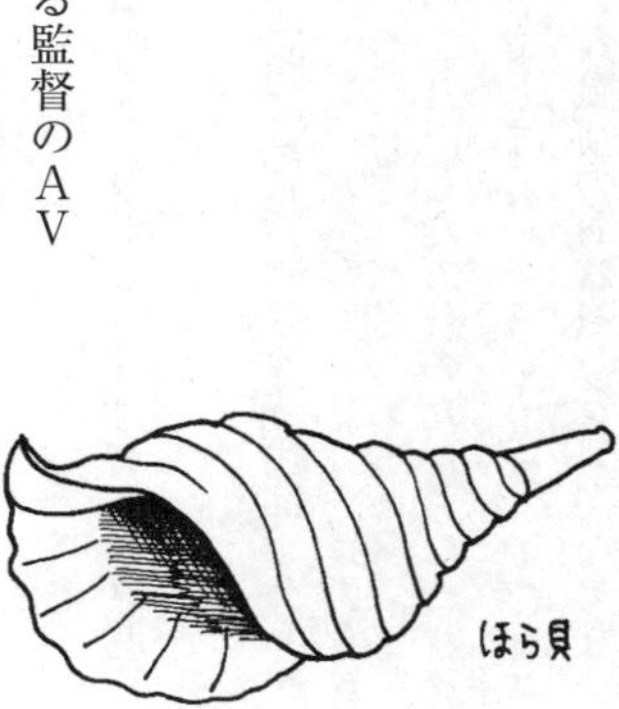
ほら貝

ッ」と笛を吹く。「なんだこのまぬけなAVは?」と呆気にとられたまま、待ち合わせ場所へ向かった。

それとは別に、その頃の私はとあるバンドにハマっていた。文化系男子3人構成のインディーズバンドで、「ダメな俺」をひたすら歌う。「鬱屈した青春」をひたむきに歌う彼ら。ツタヤの店内に流れるBGMではじめて聴いたとき、一気に好きになった。コーラスもきれいだし、メンバー全員が自分と同じ歳なのも親近感が持てた。この日は、仕事が終わったらライブに行く予定だった。

実物の村西とおる氏はハイテンションで喋りまくった。ものすごい目力がある眼差しでカメラを見つめ、独自のエロス論を語り続けた。

「なぜ、女の子にほら貝を吹かせるのか?」という質問に対し、「今の時代は、セックスのとき女の子が『イク~』とか『気持ちイイ~』とか言うのは普通のことだけど、昔は女がそんなことを言うのははしたなくて有り得ないことでした。昔の女たちはセックス自体はしたないことと思っていた、でもやると乱れてしまう、そういうギャップがエロをもっといやらしく思わせていたのに、今はそういう風情のあるセックスがなくなっ

てきているのです。言葉でもアエギ声でもない、女の心が感じている音を聴きたい、それにはほら貝の音しかないんです‼」

なるほど、そういうことだったのか。「ホイッスルじゃだめなのか？」とは思うものの、本人の目力を間近に見ながら独特の言い回しの演説を聞けば、そんなことはどうでもよくなってくる。私は大きく首を縦に振って話を聞いていた。

「何年も一緒にいる愛する男とのセックスよりも、名前も知らない行きずりの男との一夜のセックスのほうが燃えて気持ちよかったりすることがあるんです！　だから愛とセックスは別物なんです！　それを知らずに愛とセックスをひとつでくくって考えようとするから、セックスレスや浮気でみんな悩んでしまう。だから愛とセックスは別物と考えれば、人類はもっと平和になるんです！　僕は、知的で素晴らしい女性、こんな人もセックスでよがるのだろうか？　という女性が乱れていく様子を撮っている。それは男にとって感動の現実なんです。僕の作品を観れば、『セックスって素晴らしいんだ』と気づいてみんなセックスするはずです！　それは少子化対策に繋がる、ＡＶが世界を救うんです！」

内容もさることながら、彼の持つパワーや引力に圧倒された。私の体内のアドレナリンは勝手に爆発的増大を見せ、最初はまったく喋れなかったのに、終わって帰るときには「ありがとうございましたぁあ‼」と大声で言ってしまっていた。体育会系というか、そういう類の脳みその部分がすごく反応しているのが自分で分かった。スゴイ人、カリスマというのは相手をそういう風に変化させてしまう人なのだと思う。

小一時間の取材だったが、村西氏の事務所を出て外に出て外気に触れた瞬間、自分が激しいセックスをしたあとみたいにグッタリ疲れ果てていることに気づいた。小此木さんも同じようにグッタリしている。村西氏に聞くことのテーマは「女の子が気分よくセックスできる状況を作る秘訣」だった。でも、そんな秘訣なんてもんはないに等しい。というか、そんなことを村西氏に聞いてもしかたない。村西氏と同じ空間にいることがもう村西氏とのセックスだから。

今から行けば、ライブが観られる。だけど本当に疲れてしまって、小此木さんと言葉を交わさずとも自然に喫茶店に入っていた。どうでもいいオシャベリをしてお互いに村西パワーを中和させた。

恵比寿のライブ会場に着くと、そのバンドが歌っていた。ライブはあと30分で終わるところだった。出口付近に立って、舞台に向かって右腕を振る観客を横から見た。好きな歌がやたらとヌルく聴こえ、一様に決められた格好をして同じように右腕を振る人たちが何故だか不気味に思えた。ボーカルが「次は新曲です。この世は公平じゃないけど、公平であってほしいと思って作った歌なんだ」とか言っているのを聞いてゾワッと鳥肌が立った。「モラルを守らなきゃいけないよ」的な歌詞を皮肉っぽく歌っていた。なんだかそれが甘ちょろくて無知で、経験値の少ない若者が世の中を知ったふうに我が物顔で振る舞うのを象徴している歌に聴こえて、それを歌っている人も、恍惚とした表情で聴いている客も、それを見下している自分も、ギラついた色とりどりの照明も、すべて気持ち悪く感じ、その空間にいることが耐えられなくて、外に出たくなった。今度はどんな外気を感じるんだろう、そう思うとめまいがしたが、とにかく外に出たくて、出口へと急いだ。

第5章　実は男のための場所

実は男のための場所

エロ本の仕事では、「女しか行けない場所」に行ってきてレポートして欲しい、という依頼もよくあった。読者は「女性専用車両」や「女性専用サウナ」で女たちが普段は男に見せない〝醜態〟を知りたがる。毎月、様々な「女向け」のスピリチュアルセミナーや思想団体の集会に行き、「男向け」に「こんなヒドい、モテない女たちが集まってた！（笑）」という記事を書いていた。だが私は徐々に、その女たちに心惹かれていくようになった。女向けの場所の居心地のよさを知った。

そして2008年、リーマンショックの影響でどのエロ本も大幅な経費削減を強いられ、グラビアではない活字のページが一気に削られた。私のエロ本の仕事への意欲と共に連載も激減し、セックス丸出しの過激な「男のための場所」へ取材に行く私の生活も終焉を迎えた。自然な流れで女性向けWEB媒体でコラムや漫画を書くようになった私は、エロ本や風俗以外でも、「実は男のための場所」を感じることになる。この章では、そこにスポットをあててみたい。

イケメンとの仕事

向こう側の同性を評価する、はじめての感覚

35歳になった私が、某専門誌でインタビューを受けた時のことである。マニアックな専門誌というだけで、メールでやりとりしていた編集者・麻木氏（仮名）のことを、時代遅れなスーツを着た、モッサモサの髪型の冴えないおっさんだろう、と私の脳が勝手に思った。

インタビュー当日、編集部に着くと、親しみやすいオダギリジョーみたいな、長身なのに顔が小さい、というかかなりのレベルのイケメンが出てきた。出版系の会社でこんなモデルみたいな若い男が働いていることは滅多にない。女の編集者であれば、他の〝容姿が重要な仕事〟に就けそうなくらいの美人はたくさんいるけど、男でここまでのイケメンは見たことがない。

この専門誌は随分とすごいバイトを雇ってるなと思ったら、その親しみやすいオダギ

リジョーが「麻木です」と名乗るので仰天した。

そしてその横から、日テレのアナウンサーみたいな黒髪さわやか系イケメンが現れ、「私も同席させていただきます」と言う。その黒髪イケメンも編集者だと言う。

あり得ない。おかしい。タイプの違う相当なレベルのイケメンが同じ編集部に揃ってるなんておかしすぎる……。聞いたことない出版社のマニアックすぎる雑誌で、普通に求人してこんな人材が来るわけがない（断定）。

それとなく聞いてみたら、編集者はそのふたりだけで、編集長と副編集長が女で、4人で専門誌を作っているという。この職場にきてオダギリは1年未満、日テレアナ風のほうは半年未満で、「文章の勉強をするために編集者になった」と意味不明なことを言っていた。いや、別に文章の勉強するために編集者になるという人もいるかもしれないけど、私はそんなことを笑顔で堂々と言う編集者に会ったことがない。推測だが、代官山のカフェの店員かなんかを編集長が「文章の勉強にもなるよ」とか言って自分のオフィスに招いたのではないか……としか思えなかった。

さらにこのふたりが、話し出すと犬っころみたいでとてつもなく可愛いのである。

私の話を聞くインタビューだから当たり前なのだが、「なるほど～」「そうか！」「すごいですねえ」と感心しながら聞いてくれる。オダギリジョーは人なつっこくケタケタ

?!
麻木
麻木

笑い、日テレアナ風は、時にこちらの言ったことに深く考え込む仕草をしてさらに質問を掘り下げてきたりする。気分がよくならないわけがない。

今までもインタビューで同年代の男性に「そうですか」「すごいですね」というトーンで話を聞いてもらったことはあるし、その人たちに気分良くしてもらえなかったとか、そういうことではない。

このオダギリと日テレ風と話していて、今までのそういった仕事と決定的に違うのは、見た目の良い彼らが、こちらの気分のよい態度をする度、自分の脳が「いやいや編集長、いい仕事してますねえ（照笑）」と思ってしまうことだった。

彼らと話しているのに、私は彼らの向こう側にいる未見の女性編集長から「どうです、うちの子たちいいでしょう」と言われているような気がし、「編集長、いい教育してますねえ。よくしつけてますねえ」と対話しているような気持ちになる。

彼らのガンバリに対して、彼ら自身を評価するわけじゃなくて、彼らを使っている編集長の手柄として捉える。

もしかして男にとっては、この視点は普通なのでは——と思った。受付嬢とかキャビンアテンダントとかホステスとか、異性からサービスを受けたり一緒に仕事をしているようで、その向こう側の同性を評価する、という感覚。

自分のことが気持ち悪くなったけど、でも「女の気分をよくさせる素質がある、もしくはその教育をされているイケメン」の威力に圧倒されてしまい、気分は最高、「編集長はボーイズバーを経営して欲しい！　その才能がある！」と帰り道、興奮した。

「女の気分をよくさせる素質がある、もしくはその教育をされているイケメン」は、幻のツチノコくらい数が少ない。

その反面、「男の気分をよくさせる素質がある、もしくはその教育をされている美人、カワイイ女の子」は、この世に無数に存在する。蟻くらいいる。それどころか女は全員「男のプライドを傷つけてはいけない」と教育され「きれいに、可愛くしていないといけない」というのが決まりであるかのように小さい頃から叩き込まれている。

私はいろんなエロ本でたくさんの男性編集者と仕事していた頃、自分より年下の男でも、私のほうが気を遣って「気分よくいてもらう」ことを意識的にやっていた。それは相手の才能とかをリスペクトして自然にそうなっているわけではなく、そうしないといけないと思っていたし、そうするのが当然という空気を感じたし、そうしたほうが仕事が円滑に進行できると分かっていたから、やっていた。外見も、髪をセミロングにしたりスカートを穿いて〝無難〟な格好を心がけた。誰かからハッキリと教えられたわけではないけど、「そうしていたほうが得だ」という空気を、男たちが発するオーラで感じ取っていた。

私は男に対して、「格好を気にして、嘘でも気遣って、女を気分よくさせたほうがあなたの得だよ」なんて空気を出したことがあるだろうか。記憶にない。

こんなイケメンを取り揃える女性管理職がこの世にドンドン増えたらどんなことになっちゃうんだろうとワクワクしたのだが、この後、親しみやすいオダギリジョーこと麻木氏によるあまりにも乱雑すぎる進行と無茶きわまりない要求が連続で発生。こちらに非があるかのような形でこのインタビュー記事はお蔵入りとなった。

「女の気分をよくさせる素質がある、もしくはその教育をされているイケメン」と最後まで気分よく仕事ができる「女のための場所」が定着する時代はおそらく来ない。

「私の緊張なんて、男には絶対分からない」

新幹線でくつろぎまくる男たち

はじめてひとりで新幹線に乗ることになった時のことである。

新幹線は、飛行機と違ってＣＡがいない。乗客だけの空間になっている時間が長い。窓側に座ってもし隣に痴漢に座られたらお終いだ。特急車の女性乗務員が乗客の男によってトイレに押し込まれ暴行された事件が何件も起きている。

当日、緊張しながら東海道新幹線に乗り込んだ。座席に余裕のある混み具合、ほとんどがサラリーマンで、女性客は少し。全員が単独の乗客で、話し声はいっさい聞こえない。思っていたよりも前の座席との空間が広く、安心した。窓際に女性が座っている3人掛けの席の通路側に座った。それでも私は緊張していた。何が起こるか分からない。窓際の女性もきちんとした姿勢で座っていて、リラックスしているようには見えなかった。

しばらくして新幹線の車内の空気に慣れてきた頃、おかき的なにおいがぷーんと漂ってきた。通路をはさんで隣の席の男を見ると、ものすごい大股を広げて座り、ずり落ちそうな姿勢で少年ジャンプを読んでいる。そして少年ジャンプに目を向けたまま、手慣れた感じで右手でプシュとコーラの缶を開けた。その後ろの座席の男はテーブルの上にひろげたおかき的なものをポリポリと軽快な音を出して食べている。すると、あちこちからプシュップシュッと缶を開ける音がたびたび聞こえることに気づいた。男たちは売り子さんからコーヒーを買い、イヤホンで音楽を聴き、白目を剝いて寝ている。どうすればそんなに広げられるのか、生まれたての赤ちゃんばりに、胴体に対して垂直に股を広げている。股関節がはずれているんじゃないか、大丈夫か。男たちのリラックスっぷりに度肝を抜かれた。自宅レベルでくつろいでいる……。

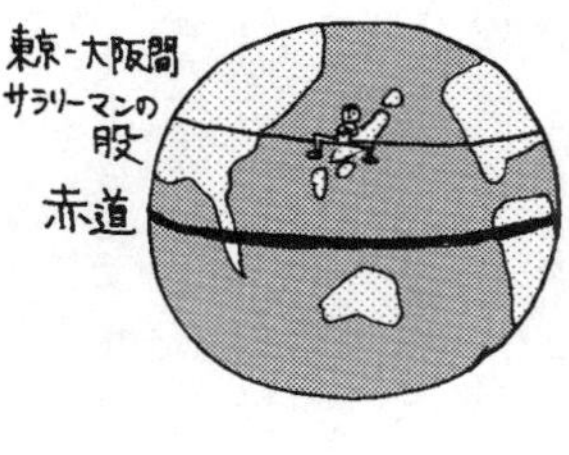

彼らに、私の緊張感なんて、絶対分からないんだろうと思った。もし私がここで立ち上がり、「おい、おめーら！　女の私がどんだけ緊張してるか分かってんのか！　小学生のころから痴漢に遭って、公共の場で見知らぬ男たちから性的いやがらせを受け続けたトラウマ、そして35になって子持ちになった今も、もし何かあったらという恐怖感、自分の身は自分で守るしかないという立場、おめーらがリラックスしまくってる横で、こうやって緊張してる女がいるんだ、分かるか男ども！」と車内で叫んだとしても、「はあ？」と言われるだけだ。だからしないけど、心の中は叫び出したい気持ちでいっぱいだった。

ちょうどこの年の夏、自宅の前で死にかけのセミに追われた。「ブブブブ！」と凄まじい羽音を立てて私の顔めがけて飛んでくるセミ。恐ろしくて両肩のあいだに首を埋めるように縮めて、早足で駆けた。その時、ハッとした。この体勢に覚えがある。中高生の頃、見知らぬ男たちから、電車内で痴漢行為をされたり駅から家までつけられたり、卑猥な言葉で冷やかしの声をかけられたりすることが多すぎた。そういう男の気配を感じるといつも、この体勢で駆け足してた。

「からかいやすそうな女子中学生」という記号だけで、男という〝セミ〟たちが寄ってくる。こっちからすると、どの男が〝セミ〟なのか分からない。だから男全部に警戒しなくてはならない。だけど男たちは、「俺はそんなことしない。一緒にすんな！」と怒り出す。

オバハンが、そういう緊張を持って新幹線に乗っていること自体、「おめーみたいなババア、誰も気にしてねーよ」と言われたり思われるだけだろう。女だからって、みんながみんな、新幹線にひとりで乗ったとき、リラックスできないわけじゃないと思う。だけど、やっぱりあの男の無邪気で無防備なくつろぎっぷりは、「女とはまったく違う世界」を見ているからできるんじゃないだろうか。

彼は電車内で堂々と股間を揉み続けた
男子の性欲は微笑ましいか

学生や親子連れで座席は埋まり、立っている人もそこそこ、混雑している夕方の電車内での出来事だ。私の隣の席の男子中学生が大股開きでずり落ちるように座っていた。調べものがありスマホを見ていた私の視界に、男子中学生が自らの股間をちょくちょく触る様子が入ってきた。ポジションを整えているにしても触りすぎだなと思って見たら、その股間がもっこりと山のように大きくなっている。それを自分の手でゆっくりなで回し揉んでいる男子中学生。目は左向かいの女子高生と右向かいの20歳くらいの女性を交互に見ていた。

そういうことをせざるを得ない、何かしらの事情があるのかもしれない、と思ったが、あまりに堂々としていて気持ち悪すぎるので、注意してもいいんじゃないかと思った。もしかして体が大きい男子だったら私はそう思わなかったかもしれない。華奢であどけ

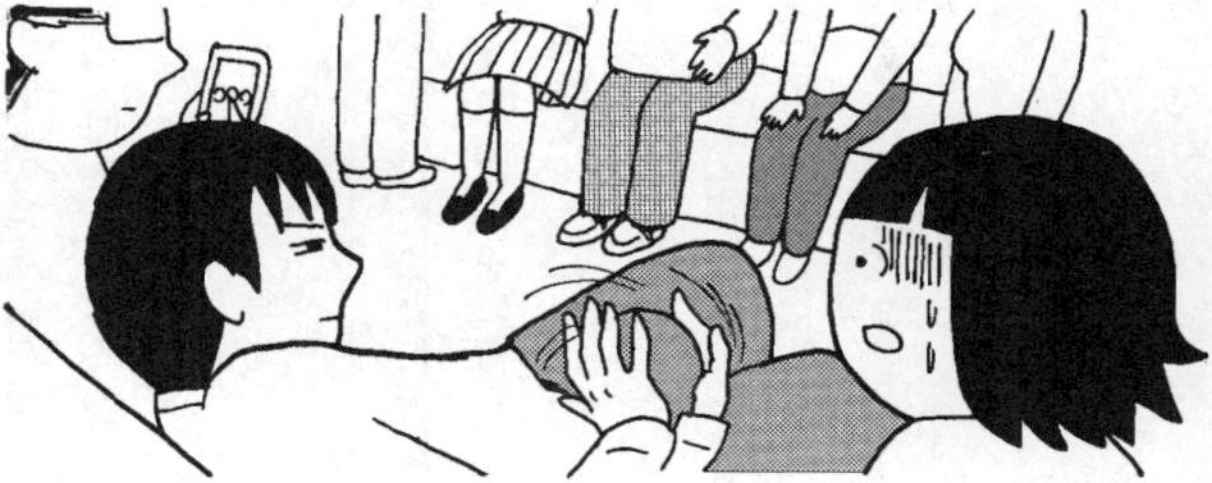

ない、サラサラの髪のジャニーズみたいな顔した男子だった。だけど何て言えばいいのか分からないので「あなた、何をしているの？　信じられない」という表情をして、じーっと見てみた。私に気づいた男子中学生は、深く座り直して前かがみになり、股間を隠した。目は女子高生をまだじーっと見ていた。

私は、「隣の人に気づかれて恥ずかしい！　という感じで青ざめる」という展開を想定していたので、違う反応をされたことに混乱した。

私は頭がチカチカしたまま、電車を降りた。男子中学生はまだ女子高生をじーっと見ていた。男子中学生の、あの堂々っぷりは一体なんなんだろう。

その前日にも電車内で仰天した出来事があった。「週刊現代」の電車内中吊り広告。「60歳からのエロ動画」と巨大な字で書かれている。

キャッチには「タダです！　安全です！」「あなたの人生観が変わります！」「妻にバレないのか？　その不安、すべて解決します」とある。エロ動画の見方をレクチャーする記事である。

どんだけ手取り足取りなんだよ……。「人生観変わる」とか自己啓発みたいなこと言われないと見られないなら見るんじゃねえよ！　そもそもエロ動画くらい自力で見ろよ！　リスクを負えよ！　「週刊現代」の見出しは話題になるたびウンザリしてたけど、これは本当に情けなくなった。別に60歳以上でもエロ動画を見ればいいけど、電車内に大きく広告を出す必要性が分からない。男のプライドはどこへ行った？　どうしてこんな猛烈に情けない気持ちを、電車に乗って感じなければならないのか。

男子中学生が勃起した股間を電車内で堂々と揉むことと、電車内に「60歳からのエロ動画」なんて中吊り広告がぶらさがっていることが、関係ないとは言い切れないんじゃないだろうか。男子が中吊り広告に直接的に触発されているということではもちろんなく、ああいった広告が普通のこととして許されている空気、ああいった広告を目にしても「男の人はいくつになっても性欲があって仕方ないですねえ」という気持ちを持つべきだという空気、ああいった広告を目にした時にいちいち怒ったり戸惑ったりしない人のほうが賢いというような空気、それすらもなくああいった広告を見てもなんとも思わない人のほうが圧倒的に多い空気。

そういった空気が、「男子中学生が勃起した股間を電車内で堂々と揉むこと」に影響をもたらしてないと言い切れるだろうか。それに対して生理的嫌悪を多大に感じた女（私）も、反射的に注意したりできない。そして何より、あんな大胆な行動に気づいているのが車内で私ひとりだけだったという現実が、「ああいった広告」が野放しで許されている状況と酷似している。

男子中学生のあの行為は一体なんだったのか、私は知って納得したかった。誰かにヒントをもらいたくて、一連の出来事を、ツイッターでツイートした。すると知らない人からいくつか返信がきた。

「風でスカートめくれるのが視界に入ると反射的に目線が向かっちゃうのと同じで、無意識なんでしょうね」

「それしか考えていないんですよ。男の子ですから」

「うっかり股間が元気になってしまったんですね。わかります」

この返信に対して、ものすごく違和感があった。女の私でも、目の前の女性のスカートがめくれたら反射的に見てしまうし、「それしか考えてない」時があるし、うっかりムラムラすることがあるからだ。35歳の今だけじゃない。10代の時も20代の時もあった。誰だってあると思う。でもそういう時はみんな、全神経を集中させてそのムラムラが外にバレないように振る舞っているはずだ。男子中学生だからってムラムラを丸出しにしていいはずがない。だけど10代の男子の性欲に対しては「仕方ないですよ」と擁護するどころか「微笑ましいじゃないですか」ぐらいな雰囲気が充満している。いくら「10代の男の子の性欲はすごい」「抑えられないほどだ」なんて言われていても、電車内で堂々と勃起してそれを揉んでいいわけがない。実際、隣にいた私はスマホで調べ物が継続できないほどショックを受けた。でもツイッターでもこういった返信ばかりがくるということは、世の中は私が思っている以上に男子の性欲に寛容なんだと思った。

「性欲のピークは、男は18歳、女は40代」とよく言われているが、本当にそうなのか疑わしい。考えてみると私だって10代終盤の性欲は今よりもぜんぜん凄かった。ただ、そんなこと絶対、人には言えなかった。

あの頃は「男は女より性欲が強い」というフレーズに乗っかって、自分の性欲を隠すことで身の安全を守る必要があった。街を歩く気持ち悪い男たちから、常に獲物として性的な目で狙われていることが分かっていたから。「女の性欲は40代がピーク」だなんて、ただ女は「私には性欲がある」ということを40代になってはじめて人に言える、自分で認められる、だけなんじゃないかと思う。どこの政府機関が調査してるのか知らないが、そういうアンケートにすら、10代の女は「性欲がある」と書けないだけだと思う。それか、自覚しないように教え込まれているというのもすごくあると思う。

18歳の頃、通っていた予備校には男子が数人しかいなかった。中年の男の講師は何かあるたびに男子たちにポケットティッシュを渡すというギャグをよくしていて、「大学合格したらストリップに連れて行ってやる」と言ったりした。私は、なんだかそれがすごくうらやましかった。「今、○○くんと先生、何してたの？」と誰かに聞くと、「先生が○○くんにポケットティッシュ渡してたんだよ」と呆れた感じで女子が言う。そういう場面に出くわした時、私たち女子は「性欲がない人間」として振る舞わなければならず、「母親のように呆れて笑う」と「処女のようにキョトンとする」以外の〝取ってもいい行動〟はない。

講師が男子に「20歳になったら風俗に連れて行ってやる」と言っている時、「私も行きたい！」と手を挙げたことがあった。講師も周りのみんなもシン…と静まった。女である私がこういうことを言うのは無粋なことなんだ、と

思った。

男子の性欲が必要以上に「あるんだから仕方ない」「あることは健全だ」「存分に羽を広げろ」と言われている裏で、女子の性欲は常に押し殺され、ないことにされている。私がうらやましかったのは、自分たちの性欲が存在しているということをなんの遠慮もなく、むしろ「それを見守る女子」という最高のオーディエンスを従えて表現できることであり、私は自分が勝手に見守る側にされている不自由さから、彼らに嫉妬していた。


その後ツイッターでこういった返信がきた。

「男の子が『男はそういう生き物だ』という無言のメッセージを小さい頃からたくさん受け取って育って、洗脳されていて、それでそうなってしまっていたんだとしたら、こんなに酷いことってないと思う」

私もそういうことを感じていたので、それで納得することにした。やっぱり「週刊現代」の広告と関係がないとは言い切れないんじゃないかというところで、一旦私の、男子中学生の混乱は終わった。

しかしまた別の人からの返信で、今度はすべてを納得した。

「何が無意識なもんか、確信的自慰行為だよ。多分、常習者だね。オカズ扱いに気づいて何らかの反応をしろよと妄想しながら……。周りはどうでもいいんだよ彼には」

勃起した股間を堂々と見せつけるように突き出していたのは、そうか、向かいの女子高生と20代女性に対して「ほら、見てみろよ、お前をオカズにしてるんだぜ」という意思表示だったんだ。あのふたりの女性に、自分の勃起を気づいてもらおうとしてんだ。ものすごいしっくりきた。あれは痴漢行為だったんだ。

私は、びっくりした。まったくの無意識で10代男子の性欲をかばっていた自分に。ツイッターの返信を見て「みんな寛容すぎるよ！」と思ったが、私が相当寛容だった。「痴漢かも」なんて発想もしなかった。「うっかり触ってるのかもしれない、何か事情があるのかもしれない」と思っていたのは、私だった。

男子中学生じゃなくて20代、30代の男がそんなことしてたら即「痴漢！」「おかしいやつ！」と思ったはず。絶対思ったはず。なのに「制服を着ている華奢な男子中学生」というだけで、「一体、何が⁉」と混乱してしまう。

男子の性欲は本当に「微笑ましい」のだろうか。「微笑ましい」としていることに、なんの弊害もないのだろうか。そしてそれは一体なんのために「微笑ましい」とされているんだろう。10代の時から、男子の性欲ばかりを認めさせられてきて、35歳になっても電車の中吊りで高齢男性の性欲の黙認を静かに要求されることに、私は心底うんざりしている。

テレビの中の風俗

名倉が悪いわけじゃない

深夜にテレビをつけたら衝撃的な番組が流れてきた。

お笑い芸人が司会で、水着姿の無名の女の子たちが18人ほどひな壇に座っている。

「タレントのはしくれ達が激ヤバな実話を暴露」というテロップが出ていて、早押しで体験談を話すというものだった。

すごく細い体の、若い女のタレントが話しはじめたところだった。

「夜、自転車で帰宅していると、男が自転車で併走してきたんですよ。男は曲がったはずなのに、私がいる道に戻ってきて追いかけてきたんです。『ヤバい』と思って、猛スピードで漕いだら、スピードが出すぎちゃって、曲がりきれなくてそのまま人の家の玄関に突っ込んで、自転車ごと倒れたんです。そしたら自転車の男に追いつかれて、私、その時ズボンを穿いてたんですけど、そのままズボンを脱がされたんですよ」

男が何か意外な行動をした、という展開なのかと思ってボーッと聞いていたら、普通に強姦未遂の話だったので「えーっ!」と声が出てしまった。「本当に怖い時って声が出ないんですよ。傘で抵抗したけど手ではじかれて意味なくって。やっと『助けてー!』って声を出したら、逃げていきました」

司会の名倉潤が驚きながら「お前よかったなぁー!」と言った。「その日から、後ろに誰かいたり物音がするのがトラウマになっちゃって、背後恐怖症になっちゃいました」と話すタレント。

名倉が「ハイ、おひねり一枚」と言った。するとスタジオにいるバーテンダーの格好をした金髪の白人女性が、タレントの胸の谷間にお札を挟んだ。強姦未遂の体験を話した女の、胸の谷間に、お札を、ご褒美として、挟んだ。

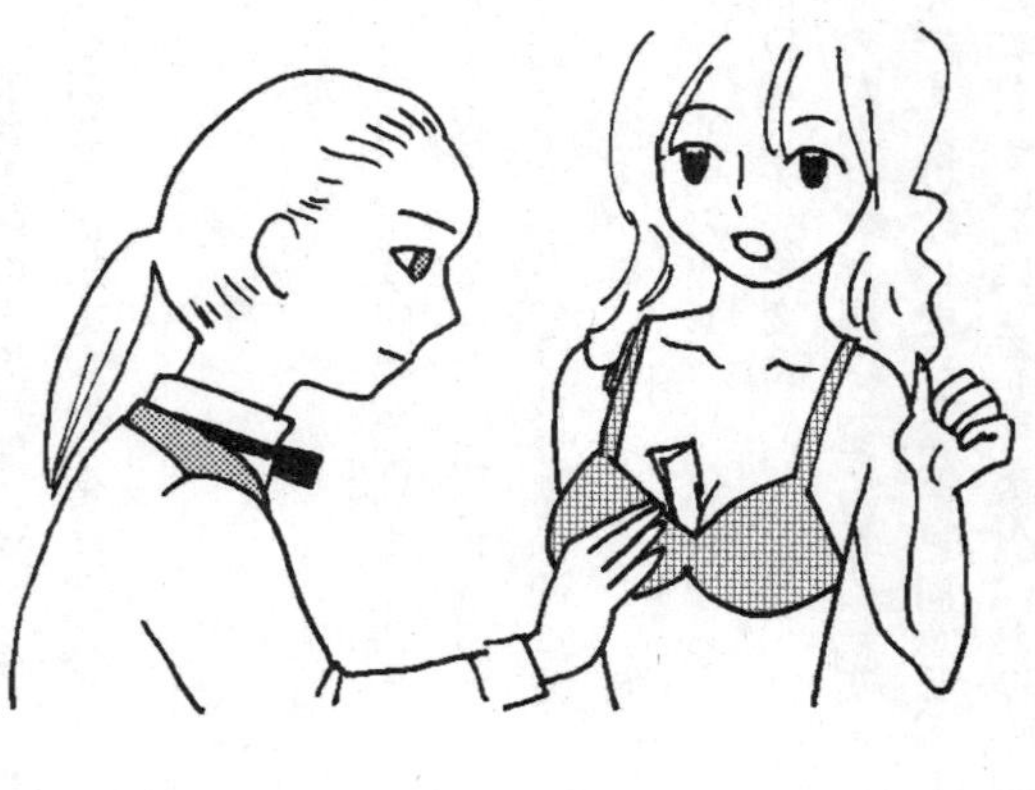

目がまん丸になって、アングリ開いた口がしばらく閉じられなかった。男による女への性暴力の体験が、こういった形で男の娯楽に変わり、消費するのも男。聞いている男たちに、自分がその強姦魔と同じ性であるという自覚があるとは思えない。男はどこまで無邪気に、女をしゃぶり尽くすんだろう……。

あまりにびっくりして、この回の動画をあとで見てみた。

ほかの女の子の話もすごかった。「彼氏と自分がいる家に、自分の親友が泊まりに来た。夜中、彼氏がセックスしようと誘ってきたけど眠くて寝てしまった。ふと起きると彼氏と親友がセックスしていて『俺とやりたかったんだろ?』という彼の声が聞こえた」という話。親友の家で、親友が寝ている横で、親友の彼氏が覆い被さってきて「俺とやりたかったんだろ?」と言われたら、いろいろ恐ろしくてどうしていいか分からなくなると思うし、彼氏は彼女に断られた上で隣にいる親友へ矛先を変えているので、十分「強姦」という言葉を使える出来事として聞こえるのだが、名倉潤は「そんなの親友違うやないか!」と言い、話してる本人も「そうなんです、ひどいですよね」と同意し、「同じ空間で人の彼氏を誘ったひどい親友」という話になっていた。そしてまた、「おひねり一枚」。

「中学の時、自転車のサドルに精液をかけられた」という女の子の話では、「雨の日に自転車を学校に置いたまま帰ったら、男友だちが電話をかけてきて『君の自転車に白いものがかかってる』と報告された」という。結局、犯人はその男子だと思う、という話だったのだが、名倉潤が「その男子、あなたのこと好きやったんやろうね。お尻をつけているサドルだから、妄想してたんやろうね」と言い、「おひねり一枚」。

ここまでくると名倉潤のブレなさがすごい。彼は常に的確な「普通の男の目線」を保持している。見知らぬ男による強姦犯罪はまるで自然災害のような扱いになり、交友関係内での強姦は「女側が性交を許した」という話になる。学校の校舎内での他人の所有物に対する射精も、「恋心」で片付けられる。男目線の都合のよさに改めてめまいがした。

しかしこの感覚は社会にじっとりと染み込んでいて、そこをしっかり押さえる感覚が鋭いからこそ、名倉潤は今の日本で重要な司会者のひとりとして君臨できる。

性暴力が性暴力であると認識されずに語られる番組の中で、ほかにも性癖や下着の色の話などをしたあと、最後に名倉は「こんなくだらない内容で大丈夫なのか、うんざりだ」という意味の発言をしていた。男が作ったもののくだらなさに男がうんざりする、というのもよくある光景だ。そこに「女」は人としては存在していない。名倉潤が悪いとかそういう話じゃない。番組内のおひねり制度も彼の発案というわけではないだろう。ただ彼はとにかく、一般男性からブレていない、というだけなのである。

AKB48の風俗っぽさ
〝お母ちゃん〟にはこう見える

■「明るいブルセラ」がお茶の間にやってきた

大きなステージで、女子高生の制服を模した衣装を着た100人くらいの女の子が踊っているのをテレビで観たのがはじめてAKB48を知った時だった。2009年だったと思う。当時のAKB48はパンツを見せて踊るという特徴も報道されていた。「明るいブルセラ」という印象しか持てなかった。ブルセラとはブルマとセーラー服の略で、90年代に社会現象となった10代から20代の女性の使用済みパンツやブルマや体操着、ルーズソックスや制服を売る店のことだ。

ブルセラがニュースに取り上げられるようになった1994年、私は東京郊外にある女子高の1年生だった。新宿や渋谷などの店舗にパンツを売りに行くと3000円もらえるとか、誰かのお姉ちゃんが卒業してからうちの制服一式を売りに行ったら1万円になったとか、○○高校の制服のほうが高く売れるとか、最近は顔写真を付けないともう売れないとか、店内の試着室のような個室に客と一緒に入り目の前で脱いで直接渡すとさらに倍もらえるとか、噂がよく回ってきた。実際に売ってる人も学年に数人いた。彼女たちは、それらが一体なんのために男たちに買われるのかもちろん知っていて、「そんなもん買うってなんなの、ほんと気持ち悪い」というスタンスだった。単純に時給計算すると普通のバイトより割が良い、という理由のみでブルセラを選んでいたように見えた。テレビでブルセラショップの潜入をよくやっていたが、たいがい雑居ビルの一室にあり、その店内には個装された使用済み衣類に女の子の顔が貼ってあるものがギチギチに陳列されていた。私は、自分の顔写真と自分の洗ってないパンツが一緒にあんな場所に並んでしまうなんて恐ろしすぎて、自分も売ってみようと思ったことは一度もなかった。

ウォークマンでアイドルソングを聴きつつ雑居ビルの一室で女の子の写真を選んでパンツを買う１９９０年代のブルセラ要素が20年の時をかけて淘汰され、２０１０年代は、制服姿の女の子自身がパンツを見せながらアイドルソングを歌うという合理的な展開となった。それがＡＫＢ48だ。私はそう思った。

ＡＫＢ48には、一年に１度の「総選挙」によってキャバクラ的要素も含まれる。客の人気投票で順位を決め、上位の者はステージ上で泣きじゃくりながら、「夢は必ず叶う」という演説をしてファンへ感謝の意を述べる。他のアイドルに比べてこの「夢語りと涙と感謝」の点が異質であり、人気の秘訣と思えた。

女子どもの目を盗んでひっそりとあった「男のための場所」が〝表沙汰〟になる時。「男の欲望」そのものをエンターテイメントとして表現することを成立させる時。そこには「夢語り」という目的、「涙」という理由、「感謝」という正当さが必要不可欠であるということを、ＡＫＢ48に証明されたような気がした。

■いじらしいモーヲタと怖い〝息子〟

23歳の私が働いていたバイト先に、モーニング娘。オタク（通称モーヲタ）の川田さん（仮名）がいた。当時モーニング娘。は全盛期だった。体格がとても大きい28歳の川田さんからは、モーヲタの中でも幹部レベルの熱狂ぶりが垣間見え

川田さん

たが、本人は必死にモーヲタであることを隠していた。

あの頃、モーヲタの世間に対しての恥じらいはすごかった。「好きなら好きって言えばいいのに」と周りが思うくらい、「アイドルが好きだなんて、一般社会では言っちゃいけない」という意識を持っていることを感じさせた。国民応援ソングのような曲をヒットさせていたモーニング娘。は、あくまでも国民的アイドルで、それを熱烈に好きな人がオタクだった。

例えて言うなら、お母ちゃんから「あんたが買ってきたアイドルの下敷きが居間に落ちてたよ。この子可愛いねえ。好きなんでしょ?」と言われ、真っ赤な顔して無言で下敷きをひったくり、駆け込んだ自分の部屋の中で下敷きをギュッと抱きしめる息子……そんな印象がモーヲタにはあった。

あの頃のモーヲタに比べると、今(2013年)のAKB48のファンは、なんか恐い。私自身の年齢が30代になったことやインターネットが普及したこと、私の周りにAKBファンがいないからメディア越しでしかその印象が分からないことも大いに影響していると思うが、明らかにあの頃のモーヲタよりも、AKBファンは凶暴だと感じる。「居間の下敷き」に例えると、AKBファンは居間だろうが玄関だろうが下敷きやグッズを散らばらせる。お母ちゃんが「なんなのこれ……いやだわ。片付けてよ」と言うと「そういうアンチな意見もやすす（秋元康）の想定の範囲内ですから」と謎の言葉を残し、居間にあるパソコンでＡＫＢ情報を見続ける。そういう感じがする。ファンじゃない人は何も言わせてもらえない。「どこがいいのか分からない」などと言えば「アンチな意見を持った時点で、秋元康の思う壺。あなたはこの勝負に負けたってことなんですよ（笑）」と一方的に敗北させられる。ＡＫＢファンは〝秋元康〟という人物に、「もし批判されたら『それもＡＫＢ商法の想定内なんですよ』と言えばよい」という印籠フレーズを与えられたことで、余計なことを考えずにＡＫＢに没頭できる環境を得た、というふうに見えた。周りにどう思われるか気にしたり、恥ずかしがっている姿ではなく、「銀河鉄道９９９」の車掌さんみたいに目だけが光っている顔をしているように見える。

つんく♂は、「モーニング娘。」に女子高生の制服を着せない」という決まりを持ってプロデュースしていた。「そのまますぎるから。それをやるのは反則だから」という理由だった。だけど、秋元康はおもいっきり制服を着せた。水着姿や下着姿でも歌わせる。その違いが、ファンの性質にも大きく影響している。反則技を解禁したことで、ファンじゃない人への反則技もありになってしまっている。私はそう感じていた。

そして2013年2月のAKB48峯岸みなみの丸坊主謝罪動画。男性ユニットEXILEのメンバーとの「お泊まり愛」が週刊誌で報じられた峯岸みなみは、その件の謝罪動画を撮る際、自ら髪を切り丸坊主になった。そして白い背景に白い服で丸坊主の峯岸みなみが号泣しながら「AKB48を辞めたくない。甘い考えかもしれませんが、今回のことはすべて私が悪かったです。本当に申し訳ございません」と深々と頭を下げた。その衝撃的な映像は日本中を震撼させた。AKB48は恋愛禁止のルールがあるとされ、その前年に指原莉乃が元彼にセックス写真を流出され、HKT48という博多を拠点とするグループに〝左遷〟されたりしたことも大きく報道されていたため、この丸坊主謝罪は連日テレビのニュースやワイドショー、ラジオで取り上げられ、芸能人や言論人が賛否の意見を交わした。

私としては、居間に下敷きを散らかしている息子の部屋の押入れの中に、恐ろしすぎるものを見つけてしまった、そういう感覚だった。どんな職業だって、何か失敗をしたからって丸坊主になって泣きながら謝罪するなんて尋常じゃない。違和感は感じていたのに、放っておいたらこんなことになっていた。びっくりして取り乱すお母ちゃんのような心境に私はなった。ネット上でも〝お母ちゃん〟たちがその衝撃を次々に口にした。だけど、当の〝息子〟たちは平然としていた。「そういうルールだと了解した上でA

KBにいるんだから、当然でしょう」としか言わない彼ら。押入れの中の女の子の悲惨な姿を目の前にしても、表情を一切変えない。何を考えているのか分からなくて猛烈に怖い。

自分の好きなものが社会にどんな影響を与えているのか、ファンじゃないけど毎日のようにテレビで峯岸みなみを見て芸能人として認知していた人たちがどれほどショックを受けているか、それについて考えることもしない姿勢に、心底驚愕した。そうじゃないファンももちろんいたけれど、あまりにも〝息子〟が多かった。

そのような立場から私は、毎日のようにテレビや街で目にするAKB48に対して不可解な思いを抱えていた。この熱狂は一体なんなのか、現場に行ってみたいと思うようになった。

そして2013年5月秋葉原のAKB劇場のライブを観られる機会を得たのだが、そこでメンバーの大島優子を見て、異次元に誘《いざな》われてしまった。

■童貞がナンバーワン風俗嬢に求めるもの

秋葉原のAKB劇場の客席には、電車の座席みたいなひとり分のスペースが分かるように色がついている長い椅子が置かれていて、隣の人とピッタリくっついて座る。お客さんは単独で来ている男性がほとんどだが、3割近くは女性だった。

公演が始まると、16人のAKB48のメンバーが舞台上に現れた。その光景が凄かった。舞台が低いので、超ミニスカートから飛び出る太ももが目の前にズラリと並ぶ。そのまま舞台がグーッとせり上がり、客席からパンツが見えるくらいの角度にまでなる。メンバーたちはストッキングも何も穿いていないので膝小僧の古傷や角質、アザまで見える。顔も脇の下も吹き出物もばっちり見える。一切、何も隠しようがない距離で、メンバーたちは激しいダンスを踊り始めた。目の前でブルンブルン揺れる太ももたち、バサンバサン飛び上がるミニスカート。中は布がいっぱいあってパンツは見えないが、入れ替わり立ち替わり歌って踊りまくり、どこに目を落ち着けていいか分からない。あまりの迫力に「ああ…」とか「うう…」とか口からうめき声がもれてしまう。

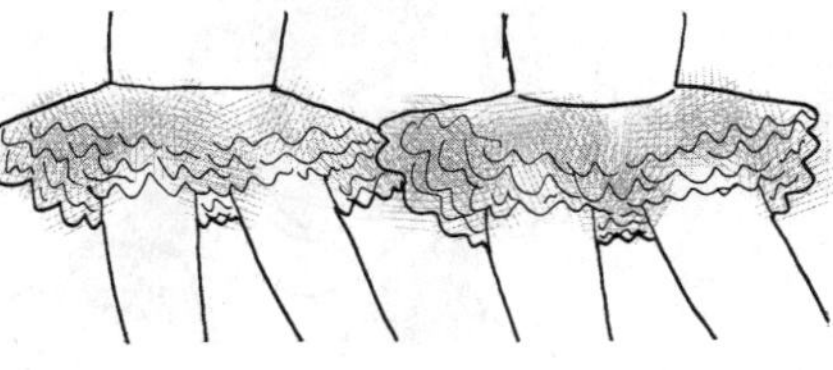

3曲ほど一気に終わって、ハアハアと肩で息をしながらメンバー16人全員が自己紹介をはじめた。テレビでよく見るAKB48初期メンバーの大島優子、秋元才加と板野友美以外は知らなくて、はじめて見る女の子たちだった。

「今、自分磨きのためにしていること」をひとりずつ言っていたのだが、「私はレポーターになりたいので」とか「スポーツ番組に出られる人になりたいので」とか、「本当の夢」を語っている。風俗嬢に取材すると「借金を返すために働いてる」とか「看護師になりたいから勉強してる」とか言う。なんかそれと同じ感じがして、「AKBって風俗っぽい」という印象が一気に噴きあがった。

しばらくして慣れてくると、大島優子から目がそらせなくなってきた。

大島優子は表情の多さがハンパじゃない。普通の人間の5億倍くらいある。単純に顔の筋肉が普通の人間よりも細かく動く人なのかもしれないが、それだけではない、細胞レベルでの違いがあるように思えた。だから「大島優子を見ないと損」という感覚が自然と脳に働き、視線を引っ張られてしまう。他のメンバーもダンスがうまく、一生懸命

だ。だけど大島優子の表情筋の柔軟さは別次元に超越していた。

大島優子を見てしまうのは一体なんなのか、私は必死に考えていた。考えよう、としないと、爆音と目まぐるしいダンスと女の子が入れ替わり立ち替わる舞台展開に圧倒され、思考が停止してしまう。

ある曲の最中、舞台の背景の壁がからくり扉のように反転した。壁の裏が鏡になっているので踊っているメンバーの後ろ姿が見られるという演出だ。ステージを観ている客席までもがその鏡に映る。私は観客たちの顔を見ようと目をこらした。生の太ももにニタニタと笑みを漏らして見ているに違いない。

しかし、スケベな顔をして観ている人はひとりもいなかった。電車の座席のようなイスに肩を寄せ合って座り、〝放心している顔〟で舞台を観ている客たち。イヤらしい顔をしているよりも、ちょっと異様だった。

ＡＫＢの客はふんぞり返って偉そうに笑みを浮かべプロデューサー気取りで、ＡＫＢのライブを観るんだと思っていた。おやじが女子高生と援助交際するみたいな関係。「頭の悪い女子高生だなあ」と思いながら女子高生のディティールに興奮するブルセラおやじと、「おやじキモイ」と言いながら、内なる恐怖心を隠し下着を売る女子高生、そういった互いがバカにし合っている関係なんだと思っていた。それが、〝お母ちゃん〟からするとキモくてキモくて、そういうものが根底にある文化のようなものがテレビからしょっちゅう流れてるのがイヤだし、一体もうなんなの、あんたたちいい加減にして。そういう心持ちだった。

だけど、実際のAKBファンは、AKBの女の子たちに〝食われている〟顔をしていた。ブルセラ女子高生とおやじではなく、されるがままの童貞男と寛大な手ほどきをする風俗嬢、というほうが近かった。というか、そのものだった。

ちゃんと曲を聴こうとしても、男になった自分が風俗店に行って、大島優子を指名している風景がなぜか脳裏に浮かんでくる。本当に不思議だが、どうしてもどうしても浮かんでしまう。

大島優子以外のメンバーたちも、確かにうまい。プロ意識がなきゃできないだろうし、本当に頑張っているんだろうな、と思う。だけど、大島優子は、どんなにひどめの包茎だろうが、短小だろうが、「ああ、そういうの見たことあるよ〜。ダイジョブだよ」とサラッと言ってくれそうな安心感がある。つまんない話でも「そうなんだ〜」って、重すぎず軽すぎない、絶妙に適度な相槌を心地よく打ってくれそうな気がする。大島優子を指名した帰りはいつも頬が痛い。笑顔でしゃべりすぎるからだ。

そんな大島優子の貫禄に比べると、他の女の子たちは、どこかしら「普通の女の子」感があって、怖い。自分のコンプレックスな部分を見せたときに「ひいてる感じ」が伝わってきたり、つまんない話にはつまんなそうな態度を隠し切れなかったり、不機嫌な日があったりしそう。だけど大島優子は、いつでも安定したサービスをしてくれそうだ。

そんな彼女がこのお店のナンバーワンなのは当たり前。いろんな男に指名されてるのは知ってるけど、きっと彼女は、誰に対しても一定の態度をとるし、俺が指名した時に、いつも通りでいてくれれば何も問題はない。

だけど、もし、大島優子が誰か特定の恋人をつくって、失恋したりして、元気がなくなったり、取り乱したりしたら、それは絶対に耐えられない。そんな姿を、俺に見せることが許せない。一度そういう大島優子を見てしまったら、もう無理だ。俺の憩いの場はもうなくなってしまう。どうしてくれるんだ……だから恋人なんて作らないで欲しい。

私の中に童貞男の人格が生まれ、勝手に脳内でしゃべり出した。

童貞男は、「いつでも同じでいて欲しい」「俺が安心したい」という気持ちが強かった。

恋愛しない、動じない、不安を癒してくれて、いつでも励ましてくれる。そんな「優しいおばあちゃん」みたいなものを求めている。

■女を2分割する男友だち

童貞男の人格の思いを聞きながら、私はK君のことを思い出していた。

K君と私は短大の同級生で、卒業してから6年間、メル友だった。私からすることはなかったが、数か月単位でK君のほうから近況メールを送ってきた。他の同級生との飲み会に誘っても、K君は絶対に来ることはなく、私とふたりでの飲みに誘っても、なぜだか頑なに話をそらされた。

K君はもともと社交的なタイプではなく、人間関係自体を回避するようなところがあった。彼は本を読むのが好きで、詩のように美しい言葉で書かれた長い日記をメールで送ってくれることがあり、私はそれを読むのがとても楽しかった。

恋愛に関してもとても繊細な心で取り組む人で、なぜか必ず恋人のいる女の子を好きになってしまう。だから彼の恋はいつも実ることがなかった。K君は私よりひとつ年上だが、誰かと相思相愛になる経験は27歳の時点で一度もなかった。

K君は、叶わぬ恋とあふれ出す性欲、そのアンバランスさを、出会い系サイトで知り会った女たちとセックスすることで調節していた。

K君は小学生の頃、プールの授業で太陽光があたってヌラヌラと光る濡れたスクール水着を見た時、その質感に取り憑かれてしまったのだという。出会い系で会った女にはあらかじめそれを伝え、ホテルに行く前に一緒にスポーツ用品店へ出向き、スクール水着を買うこともあるという。太陽光にこだわりがあるので、昼間を指定する。そして水着に水をかけ、その質感をじっくり見てセックスするという。それをK君は、くだらない、と唾を吐くように自嘲しながら話していた。そう話してくれるからこちらも聞けるというのがあった。

私は何度も、「出会い系の女の人とは性癖も合うんだし、付き合えばいいのに」と言った。けど、K君は「宮崎あおいみたいな天使のような女の子としか付き合えない。出会い系で男とやるような汚い女なんて愛せない」と言った。K君から見る「女」は、清らかな天使と汚れた淫売という、たった2種類に分裂していた。天使とは上手く話せなくてまともな関係を持てないし、淫売とはセックスできるけど軽蔑している。私がその矛盾を指摘すると、「分かってるけど、無理なんだ」と、自分の幼さを自覚していると語った。私は、K君にとっての自分は、天使でも淫売でもない、唯一のリアルな女なんだと思っていた。

そして当時26歳の私は「ヤリたくて頭がおかしくなる」時期に突入したまま限界に達していた。誰かとセックスしたい。K君なら滅多に会わないしちょうどいいかも。追い詰められた末、決死の思いでメールを送った。

「最近、すごくセックスしたいんだよね。K君はどう?」

軽い感じで「俺もしたいんだよね」とか返ってきて、「たまってるよね」と私が返信して「じゃあ、しちゃおうか」というメールがK君から返ってきて、つまり2往復くらいのやりとりで、セックスすることが決まる展開を私は望んだ。

K君から返ってきた返信は「どうしたの? なんかヘンだよw そういえばこないだ仕事でさ～」という、はぐらかすものだった。私はそれ以上、その話を続けなかった。

その1年後の夏、私がK君へ送ったメールによってふたりの仲は破綻する。

私は仕事でフェラチオ写真のモデルをやった。週刊誌の「フェラチオ講座」という企画で「いろんな舐め方」を紹介する写真が必要だから、モデルになって欲しいと頼まれた。新品のバイブにコンドームを装着したものを咥え、口の部分だけ写真に撮った。カメラマンや編集者とワイワイって感じで撮ったのだが、帰り道、ものすごく嫌な気持ちになった。ビニール製の棒を咥えただけだし、顔は映らないし、別に大したことじゃない。そう思おうとしたけど、とてつもなく嫌だった。そのことをK君に愚痴った。私にとっては、K君がいつも言ってる「出会い系女とヤッた腐ってる俺」と同じような感覚で話したのだが返ってきた反応は意外なものだった。「君は愚かしい」と一言、メールが返ってきたあと罵倒メールが続いて、「どういうこと？　なんでそんなこと言われなきゃいけないの？」と聞いても、「うるさい、あなたみたいな人に言うことは何もない」と返信がきた。

一体どういうことなのかさっぱり分からず、K君がなんでそんなに怒るのかまったく理解できなかった。慌てて「K君のそういう純粋なところはいいと思う」とよく分からないメールを送ったが、一方的に「気持ち悪い」と言われ、私も嫌になって、「もうメールしません」と言い、K君の電話番号・メアドをメモリから消去した。絶交を言い渡されたことが悲しくて、1日泣いて、1か月は元気が取り戻せなかった。

K君に絶交されたとき、自分はK君にすごく友情を感じていたことが分かった。しかしK君は違ったんだということに気づいた。K君が私のことを好きだったと考えれば話は早いが、そういうことじゃない、という確信だけはあった。

この件は、ずっと腹立たしかった。人から絶交されたのもはじめてだし、「クソ野郎! 意味わかんねえよ! 気持ちわりいのはお前だよ!」と、本気で思っていた。

K君は私のことを一体どう思っていたんだろう、というのは、それから9年近く経っても何度か考えたがよく分からなかった。

だけど、大島優子を見て、分かった。K君にとって私は、AKB48だったんだ!

大島優子だったんだ! アイドルだったんだ!

「優しいおばあちゃん」だったんだ!

K君は自分の要望(会いたくはない。会って顔見たらつまんないから。自分が電話したいときだけ出てくれるのがいい。自分の話をずっと聞いてくれて適度に慰めてくれればいい。だけど、そっちの人間的な苦しみを丸出しにされても困る。そんなことされたらこっちから切る)ばっかりで、私のことは人として見てなかったんだ。そりゃ、おばあちゃんから生々しい苦しみの相談されても困るよね。勝手にそんな風に思われて、私はもっと怒ればよかったのに、バカ正直に友人のひとりだと思っていた。

ＡＫＢ48は基本的に、Ｋ君のような男性の心理に対してサービスをするアイドルプロジェクトなんだと思う。その根源は、「優しいおばあちゃん」を求める心だ。「優しいおばあちゃん」が女子高生みたいな制服を着て、元気に飛び跳ねて恋心を歌う。それは、男が作り出した男のためのサービスだけど、大島優子みたいな、男たちが想定したものを遥かに上回るほどの「優しくて気の利くおばあちゃん」を徹底して提供できる人がいると、作り手も観客も一気に食われてしまって、他のメンバーも揃って「ＡＫＢというグループで働いている人」を超えてしまう。観客がいるから歌っているのか、歌っているのを見させてもらっているのかなんだか分からなくなる。だから、観客は静寂してステージを見つめることになる。

■そしていまは〝普通のもの〟になった

私のＡＫＢ48ライブ体験は、〝お母ちゃん〟が〝息子〟のよく行く風俗店を突き止め、〝少女凌辱系〟だと思ってビクビクしてたら、安定したナンバーワンがいる正統派な風俗店で呆気にとられた、という感じだった。

「90年代のブルセラ文化が変な風に進化して生まれた気味の悪い団体」というAKB48への個人的な印象は160度変わった。帰りにAKB48の写真が入ったグッズを買わざるを得なかった。もし、AKB48のメンバーがMCで、自分たちの置かれている状況を女として分析したりするようなおしゃべりを披露していたら、私はAKB狂いになっていたと思う。だけど、AKBがMCでそんな話をすることは永久にない。それだけが180度へ届かない理由だった。

その後、2013年6月にAKB48の「選抜総選挙」が開催された。AKBの中で一番〝茶の間〟に浸透している指原莉乃が1位になってしまった。指原莉乃は当時のAKB48の中では〝色物キャラ〟とされていて、つまりアイドルとしては正統派ではないという意味だ。だけどそれは、ファンじゃない視聴者にも馴染みやすい人物ということでもある。そういう人が1位になって、ファン層とファンじゃない層がひとつになってしまった感じがした。

「AKB嫌い」と言う人の「嫌い」が柔らかくなり、一気に世間に浸透していく形で、AKBの気味悪さが薄まった。私自身も急にAKB48に対しての興味がなくなってしまった。異質なものとしての興味だったから、興味自体がなくなったということは、世の中で普通のものになってしまったということだ。

居間にグッズを散らかし、ワケのわからない凶暴さを持つ〝息子〟が、急に結婚すると言って彼女を連れてきた。彼女は猫耳を付けていて、アニメ声で、話していることもよく分からない。〝お母ちゃん〟の前でも堂々と、息子と何やらよく分からないグッズなど見てキャッキャと楽しそうだ。結婚するのなら、居間に散らばったグッズも片してくれるのかと思いきや、むしろ彼女が持ってきた分まで増えてしまった。でもまあ、〝息子〟が以前ほど凶暴ではなくなったように思う。近所の人たちも「あんなに困っていた〝息子〟さんにお嫁がきてくれるだなんて、ありがたいじゃないの」と、〝息子〟たちをあたたかく見守り始めた。だから〝息子〟も丸くなったのだろうか。でも、私があの時感じた恐怖や嫌悪感も事実なんだけどなあ……でも、まあ、これでいいのかもなあ……。

そうやって〝お母ちゃん〟は、頭がボーっと、させられていく。

あとがき

2014年本来のAVから、女性が観ても楽しめる部分を抜粋し、成人女性向けアダルト動画として公開している「GIRL'S CH（ガールズ・シーエッチ）」というサイトを見つけた。

「イケメン彼氏とお家でキスいっぱいラブラブエッチ」と女性が観たくなるようなタイトルがつけられ、「フェラチオなし」「汁なし」と、プレイ内容や精液が映っているかどうかのタグが記載されている。苦手な映像は観る前に回避できるようになっている。

しかしその下に本来のタイトルも記載されている。つまり「男向け」タイトルなのだが、それが「世田谷区在住美人ＯＬ結衣24歳　恥辱まみれの輪姦レイプ」というものだったりする。そういったおどろおどろしいタイトルでも、主題を引き立たせるために冒頭に幸せなエッチシーンが収録されていることがある。それを抜粋して女向け動画としているのだろう。だが本来のタイトルは薄い字で目立たないように記載されているので、まったく気にしないで楽しむことができる。

GIRL'S CHの動画には「コレ好き！」と「コレやだ！」のふたつのボタンがあり、まるでたくさんの女性たちと一緒に観ている感じが楽しい。夜の10時から2時まではアクセスが集中し回線が繋がらないことがあるのだが、そんな時も「みんな見たがってクリックしまくってるのかな。私もだよ！」と、イラ立ちよりも可笑しさが先にこみ上げる。

何よりも面白いのは、観ている人たちのレビューだ。「彼氏はこんなことしてくれない」「夫がこんなことしてくれたら、もっと優しくなれるのに」「こないだこれを夫にしてもらいました」と、彼氏・夫への不満や願望、ぼやき、そして報告など、生活と自分の気持ちに密着している。しかし男向けＡＶ動画サイトのレビューに「うちの嫁とこんなことしたい」とか書いてあるのは見たことがない。だいたい「24分頃に正常位でイキます、30分にバックでイキます」とか、シチュエーションや女優の絶頂、服装についてのデータを書く人がほとんどで、とにかく男は自分の性生活なんてＡＶサイトのレビューに書かない。

女性に大人気で、日々発展しているGIRL'S CHを見ていると、今までＡＶというのは「男の人たち」から「借りて」見ていたんだと強く感じる。女にとって今までのＡＶはすべて海賊版だったと言える。

「世の中に、男物の洋服しか作られていなくて、仕方ないから体に合わないけどそれを借りて着ている」みたいなことだったんだと思う。それが当たり前すぎて普通のことだと思っていたが、ＡＶは明らかに男女違う形でニーズがあるということが証明されつつある。ＡＶのはじまりは昭和50年代だから、女のＡＶ文化は男のそれより40年近く遅れているということになる。

「男物しか作られてなくて、仕方ないから借りてる」というものは、他にもたくさんある気がする。

私は結婚してから、家事を巡って夫といつもケンカになった。生活費はすべて夫に負担してもらっているから、私は相応の家事をこなさなければならない、と常に思っていた。しかしもともとの家事能力が私には足らず、夫から不満を漏らされたり、自爆してヒステリーを起こしたりしていた。

ある時から、光熱費やその他の生活費の半分を私も負担することにした。それまでは、自分が生活費を出すということが、恐ろしくてたまらなかった。「女は家事をして当たり前」という社会の決まりのようなものが頭にこびりついていたし、何より「損」する感覚があった。「養うよりも、養ってもらうほうがラクだ」という思い込みがあった。実際に生活費を負担してみて、びっくりした。夫が洗い物をしていても、罪悪感がない。夫が洗濯をしている時、ソファに座っているのが申し訳なくてウロウロすることもなくなった。料理をする時の疲れも、なぜか半減した。自分の仕事の収入から、生活費を負担する、そして家事を分担する、という生活は、予想を3億倍くらい超えて快適で気楽だった。

こう書くと誤解を招きそうだが敢えて書きたい。

家事は金で買える。

男たちは、こんな快適さを生まれ持って手にしている。どうして、女は男と同じように働いていても、家事をするのが当然ということになっているのだろうか。仕事をしている女性が子どもを生むことを躊躇うのも、家事と育児と仕事を両立させられそうにないからと仕事をやめるのも、この世界そのものが男による男のための場所だからなんじゃないか、そんな気持ちになる。

実は子どもの頃から同じようなことを感じていた気がする。30年前の子ども向けテレビ番組は、「ドラえもん」や「パーマン」、他にも少年探偵団ものなど、ほとんどの登場人物が「複数の男子と女子ひとり」というメンバー構成だった。男子は体型も性格も個性豊かなキャラクターがいっぱいいるのに、女子はしずかちゃんとかパー子とか、ひとりしか出てこない。彼女たちは必ず可愛くて魅力的で、怒ると怖かったり、そしてお色気を担当している。スカートを穿いてそこにいる、というだけでお色気担当の役割を果たしている。他の女子キャラも出てくるが、主要メンバーの女子はほぼ必ずひとりだった。女子向けの魔法少女系の番組もあったが、登場人物が「複数の女子と男子ひとり」という構成はなかった。女で男を引き連れるリーダーというのはドロンジョ様だけだったと思う。そのドロンジョ様もヒーローではなく悪役だし、いつも巨乳があふれんばかりのSMの女王様みたいなコスチュームを身につけ、お色気担当も兼任していた。

「女は、リーダーになれない。なぜなら、女だから」

そういった悪意が無い故にスルーッと脳に入り込むメッセージを、10代になる前からギチギチに刷り込まれていたんだなあ、と思う。リーダーにはなれないけど、男子4人分のキャラにたったひとりで対応できるよう、可愛くておしとやかだけど怒ると怖くてしっかり者という、「男が必要とする特徴」を身につけていないといけない。

男たちに混ざってひとつの目的を成し遂げる。そんなしずかちゃんやパー子に、私はひそかに憧れていたんだと思う。見た目や素質がヒロインキャラではない自分がそのポジションに唯一立てることができたのが、男向けエロ本の業界だった。

喫茶店のアルバイトでは、女だからって配膳しかさせてもらえなかった。事務のアルバイトでは、「君たちは独身職員の花嫁候補としても採用されたんだよ」と当たり前のように言われた。いつでも男のためのお飾りなのがイヤだった。私も男になりたい、強く思っていた時期があった。男たちの、女にはない自由さを感じたんだと思う。同時に「男のロマン」というすべてが許されるかのようなフレーズを生まれながらに持っている男たちに、猛烈に嫉妬した。私だって、同じ人間なのに。男の体や文化ではなく、その利権に私は憧れていたんだと思う。男はそこが頂上だろうがふもとだろうが、山として動かずにいられるのである。

男たちは女の性欲には関心があるが、自分たちの性欲に関してはまったく関心がないように思える。無意識に考えないようにしている気配すらある。どうしてそんなにエロ本や風俗が必要なのか、性犯罪や痴漢を犯す人が圧倒的に多い側の性別に属しているということはどういうことなのか、考え出したらきっと、都合が悪いことがいっぱいあるんだと思う。

出産して35歳になった今、私はもう彼らが羨ましくなくなってしまった。20代の時は、自分も「山」にしがみついている必要があった。じゃないと生きられなかった。そこから振り落とされたのか自ら下山したのか、気づいたら山にしがみついていなくてもなんとか立つことができるようになっていて、改めて街から山を見上げると、前は頼りになったその「動かなさ」を、うっとうしく感じることが増えた。

だけど今も山の影になって寒かったり、崖崩れを心配したり、山に振り回される生活は免れることができない。今後、山をどのように捉えていくのか。20代の時に見た、男たちの性欲を通して考えてみたかった。

山をつぶしたいわけではないし、乗っ取りたいわけでもない。ただ山に怯え、「仕方ない」と諦め、世話だけをし、本来山へぶつけるべき怒りを次世代の女へ流し愚痴る、そんな歴史はこれ以上続けたくないなあと、思っている。

読んでくださった方、本当にどうもありがとうございました。

文庫版あとがき

本書の単行本版が出たのが2015年2月、現在までの4年間で、日本のメディアでのジェンダー観は明らかに変わった。

それまでAV界のお祭りだった「おっぱい募金」(募金をしたら有名人と握手できるチャリティ番組のパロディで、募金をしたらAV女優のおっぱいをさわることができるイベント)の中止を求めるネット署名活動が開始されたり、AVに無理矢理出演させられた女性たちが声をあげたことで「AV強要問題」という言葉が生まれたりした。

SNSでセクハラや性的暴行の被害体験を告白し共有する際に使用するタグ「#MeToo」は、それらを使用する女性たちだけが知る言葉ではなく、世界の共通言語として2018年の新語・流行語大賞にノミネートされた。「#MeToo」の影響で「フェミニスト」という言葉も、これまでより肯定的なニュアンスでニュースなどを通して茶の間に登場するようになった。これは私が生まれてから40年近くずっと見てきたテレビの中で初めてのことだ。

今から25年ほど前、私が高校生の頃、お笑い界はダウンタウンが牛耳っていた。テレビが今より絶大な影響力と権力を持っていた時代だ。そのテレビから、女性タレントに男性のお笑い芸人がコントの中で襲いかかるような演出があったり、女性タレントが本気で怖がって泣いたりするのが「お笑い」として流れていたのである。直接ダウンタウンを見ていなくても、彼らの強烈な男尊女卑的思考を元にした立ち振る舞い、女性観、セックス観は私たち世代の男女の血肉と神経に深く染み込んでいる。

そのダウンタウン一派の一人であるお笑い芸人の今田耕司が、2018年のバラエティー番組の中で「俺も篠原涼子（当時共演していた女性タレント）から「#MeToo」されたら終わりや」と冗談交じりに発言した。「#MeToo」をそのように「女が男に復讐するための武器」の代名詞のように使用するのは本来の意味を理解していない証しではあるが、女に乱暴な行動をする男の様子が「笑い」として堂々とテレビから流れていた時代はいよいよ終わるのだ、という感慨があった。

電車内痴漢被害に遭わないための対策として設置された女性専用車両を「男性差別」

として抗議している男性の団体がある。そのメンバーが、敢えて女性専用車両に乗り込み抗議する活動を認知しているのは、その実態を知っていて迷惑だと感じる一部の女性だけだった。ほとんどの男性はそんなことが起っていることは知らないので、一部の女性と抗議する男性の〝小さな〟戦いであり、社会の片隅の話だった。

しかし2018年には抗議する男性を記録した動画が各ワイドショーで大きく取り上げられ「抗議するなら別の方法があるだろう」と反感を買う形で話題となった。これも私にとっては「やっと社会が認知してくれた」と思う、感動的な出来事だった。「これはおかしい」と思っていたけど言えなかったこと、言わせてもらえなかったことを言えるようになったこと、伝えやすいツールが普及したことで、社会全体も、まだ建前だけだとしても変わらざるを得なくなっているのである。

2018年の年末、お笑い芸人のとろサーモン久保田とスーパーマラドーナ武智がネット配信で、タレントの上沼恵美子に対し「おばはん」「更年期障害か」と暴言を吐き、炎上した。久保田と武智は世論から大きく批判され、先輩芸人である今田耕司や岡村隆史も苦言を呈した。

25年前だったら、絶対こんなことで社会は炎上しなかったはずだ。

逆に今、2013年の峯岸みなみのような立ち位置のアイドルの熱愛が発覚したとして、丸坊主謝罪動画という展開になるだろうか。もし自ら丸坊主になり謝罪したとしたら、そこまでアイドルを追い込む背景のほうに批判が集まる気がする。もともと峯岸みなみの坊主謝罪までに指原莉乃の熱愛報道による左遷からの流れがある。元彼によってセックスに関する内容を暴露され、写真も公開されてしまった指原莉乃は、リベンジポルノの被害者である。当時はその視点はほとんど語られず、「恋愛禁止のルールがあるアイドルなのに実は恋愛をしていた」ということにファンは怒り、左遷させられた。今ならおそらくリベンジポルノをした元彼のほうに批判が殺到するのではないかと思う。

そして2019年1月の現在、週刊誌『週刊SPA!』の「ヤレる女子大学生ランキング」という記事が女性蔑視だとしてツイッターで一人の女性が指摘したことを発端に、ワイドショーでニュースになり、テレビで指摘した女性のインタビューが流れた。『週刊SPA!』編集部の担当者はお詫びのコメントを出したが、ランキングには実際の大学の名前が並んでいるため、各大学も『週刊SPA!』への抗議文を公表したと報道されている。

衝撃を受けた私は、麻痺している自分に気づいた。『週刊SPA!』にそういった記事が載っているのは〝当たり前〟のことで、そういった男性誌や男性向けエロ本の中に書いてあることに抗議していい、ということも発想しなかった。本の中身は守られた聖域のような気がしてた。だけどよく考えれば、コンビニに置いてある有名な雑誌にそんなことが書いてあるなんて確かにおかしい。おかしいことを、おかしいと言える世の中に、だんだんとなりつつある。

そうやって明らかにこの4年で世の中は変わった。そのちょうど節目にこの本をまとめることになって、よりその変化を強く感じた。

また50歳、60歳になった時、この本を読み返し、修正したり加筆することになったら、一体どんな本になるのか。

女たちは男たちは、自由になれているのだろうか。

2019年1月

解説　この国は、田房永子を必要としている

樋口毅宏

根が編集者というかエバンジェスタなので、僭越ながらツイッターをやっていた頃は、自著そっちのけで、才能ある書き手のブレイクをお手伝いしてきたと自負しています（おかげで肩や背中は彼らの足跡だらけ。俺は踏み台か）。

しかし、ひとりだけ、ここまで作品に惚れこみ、声をからして「この本を読んで！」とアピールしてきたにもかかわらず、世間の反応がこちらの期待値を超えない方がいる。田房永子さんだ。

「おい待て、田房さん有名だよ？　毒母体験者としてだけでなく、女性と母親の地位向上を訴えるマンガ家、エッセイストの第一人者じゃないか」とお怒りの方もいるかもしれない。

いやいや、田房作品の超絶面白さを考えたらこんなもんじゃないでしょう。過小評価にもほどがある。

僕が初めて田房さんの本に触れたのは二〇一四年、『母がしんどい』だった。当時、世の中にはちょっとした毒母モノのブームがあって、『愛と追憶の日々』や『ハリウッ

ドにくちづけ』といった「母と娘による長年の友情」みたいな作品を観てきた身にはちょっと驚きだった。『母がしんどい』で描かれる母親への葛藤。世間と周囲の無理解（これが大きい）に固唾を飲んだ。

同じ頃、発売されたばかりの『ママだって、人間』を読んだ。人生でも指折りの衝撃を受け、すっかり洗脳されてしまったマンガだ。

もともと主体性がない人間なので、田房さんが身もふたもない下ネタとユーモア溢れすぎる実体験とともに描く、男女の不公平、妊娠と出産と育児の大変さには目からウロコが落ちまくり、蒙を啓かれた。この世界がいかに男の都合のいいように作られているか、田房さんから教えを受けたと言ってもいい。

一時期、僕のツイッターは『ママにん』一色に染まった。

『ママだって、人間』。厚労省はこのマンガを１０００万部買い取って、女性だけでなく男にも配ったほうがいいね。ベビーカーに舌打ちするバカは死んでも読んだほうがいい。俺、ここまで言うのは後にも先にもないです。

ちなみにこれ６００ＲＴ。〝頼む！　一生のお願いだから読んでくれ〟という魂の叫びツイートは、光栄にも『ママにん』の重版帯に採用された（他の推薦人オビラーは犬山紙子さん、内田春菊さん、窪美澄さん、小島慶子さん、瀧波ユカリさんという錚々たる顔ぶれの中、男は僕だけ。よかったのでしょうか）。

『ママにん』と出会っていなかったら、僕はいま作家業そっちのけで、育児ファーストなどやっていなかったと断言できる。人生を変えられた一冊なのだ。

弁護士の僕の妻に勧めたところ、彼女もヤラれてしまい、これまで三〇〇冊は買って伝搬活動に勤しんでいる（現在進行形）。

アマゾンから届いた大量の『ママにん』が家のポストに押し込まれていたことは一度や二度ではなく、呆れてこう言ったことがある。

「きみがそんなに頑張っても、田房さんは知らないんだからさ」

もちろんエキセントリックの妻に逆ギレされた。

けれども、その後も僕は田房作品を追い続けている。

『ママにん』と同じぐらい偏愛しているのが、いまあなたが手にしている『他人のセックスを見ながら考えた』（単行本『男しか行けない場所に女が行ってきました』、文庫化に際し改題）だ。

当時の自分のツイートを調べてみた。

『男しか行けない場所に女が行ってきました』（田房永子著）読了。圧巻。圧倒。もはや目からウロコでなく眼球ポロリレベル。男たちによる永遠硬直化した世界が、女目線でこうも違って見えるのか。『ママだって、人間』のときも書いたが、学校の教材として真剣に検討すべきではないか。絶対必読。

全然言い足らねえ。『男しか行けない場所に女が行ってきました』。問題提起というより、有り体なフェミニズムとは完全に一線を画する、もはやひとつの思想本。エロ本編集者あがりで、デリカシー皆無の樋口はまたしても田房永子にヤラれましたよ。完敗。

我ながら熱い。手元にある単行本は付箋だらけでボロボロだ。ちょっと捲ってみる。特に好きなのがここ。「富裕層スワッピングパーティー」より。

〝健康な〟男たちはいつでも、自分を軸にものごとを考える。ヤリマンの話をすれば「俺もやりたい」と口に出したり、「ヤリマン＝当然俺ともセックスする女」と思って行動し、ヤラせてくれないと怒る。男の同性愛者の話をすれば「俺、狙われる。怖い」と露骨に怯えたりする。そこに、「他者の気持ち」「他者側の選ぶ権利」が存在することをすっ飛ばして、まず「俺」を登場させる。そのとてつもない屈託のなさに、いつも閉口させられる。理由は、「だってヤリマンじゃん」「だってゲイじゃん」のみ。

自分が「男」という属性に所属している限り、揺るがない権利のようなものがあると彼らは感じているように、私には思える。それは彼らが小さい頃から全面的に「彼らの欲望」を肯定されてきた証しとも言えるのではないだろうか。

耳に痛すぎる箴言。これは男には書けない。絶対に。

「潮を吹かせられる男　セックスカウンセラー」の章を読んで、女性はどう思うのか。腰まである髪を束ねた、喫茶店コロラドでコーヒーカップの取っ手でエアー指マンを披露する40代男だけではない。だいたいの男は自分のセックスに、何の根拠もないのに自信を持っている。それはもう滑稽なほどに。

女の人は知っているだろうか。男の性欲は、バカ丸出しなほど頭が悪く、わかりやすいほど直線的で、夢見がちで子どもっぽい。それを本書で学んでほしい。

他にも、「男子の性欲は微笑ましいか」と「名倉が悪いわけじゃない」は、現代最高の名エッセイと言ってもいい。ここから安易に引用はしない。学校の授業で読ませろと思うレベルだ。「男が男らしく生きられない、窮屈なシロモノを強制するな」とか言いがかりをつけてくる輩が当然いるだろうけど。

『男しか行けない場所に女が行ってきました』刊行後に、田房さんと対談させて頂いたことがある。現在もcakesのサイトにアップされているので読んでみて下さい（田房さん、久し振りにまたどうでしょう?）。以下抜粋。

「女性は出産した後は身体がボロボロなんだから、男はアロマテラピーや超絶クンニ法など勉強しておけ」（田房）

「田房さんのエライところは、ありていなフェミニストや、女性の社会評論家や政治家の視点で話していないこと。「同じ女性の不満を汲み取ります」とか言って、自分が社会的地位を得るために、女性の不満を利用している人が多いけど、田房さんは一人の漫画家として、赤裸々に等身大の自分を切り刻んでいる。

しかも「笑い」を上手に武器にしている。これは大きい。小説を書いたり読んだりしていてよく思うことですが、人に伝わるには「視点と見せ方」が大切で、田房さんは同世代の女性の中でも群を抜いている」

そうなんだよ、その通り！　正しい！　エラい！　あ、言ったの俺か。

改めて。田房永子の視点と語り口は素晴らしい。なのに彼女の現在置かれているポジションが、僕には全然物足りない。

日本という強固な男女差別大国では、田房永子は求められていないのだろうか。

でも僕は、田房永子の時代が来ると信じている。そうでなきゃこの先もこの国の社会は闇のままだから。

あー久し振りに田房さんのことをいっぱい書けて楽しかったです。すっきりした。

ところでですね、僕の目下の心配事は、この文庫本を、僕の解説が載っているため、大義名分を得たと思った妻が何冊買うのだろうか、ということです。

本書は二〇一五年二月にイースト・プレスより刊行された『男しか行けない場所に女が行ってきました』を改題し、書きおろしを加えたものである。

増補 エロマンガ・スタディーズ　永山薫

制御不能の創造力と欲望で数多の名作・怪作を生んできた日本エロマンガ。多様化の歴史と主要ジャンルを網羅した唯一無二の漫画入門。（東浩紀）

白い孤影 ヨコハマメリー　檀原照和

白の異装で港町に立ち続けた娼婦。老いるまで、そのスタイルを貫いた意味とは？ 20年を超す取材をもとにメリーさん伝説の裏側に迫る！（都築響一）

難民高校生　仁藤夢乃

DV被害、リストカット、自殺未遂を繰り返す仲間たちとともに、渋谷で毎日を過ごしていた著者が居場所を取り戻すまで。大幅に追記。（小島慶子）

ちろりん村顚末記　広岡敬一

トルコ風呂と呼ばれていた特殊浴場を描く伝説のノンフィクション。働く男女の素顔と人生、営業システム、歴史などを記した貴重な記録。（本橋信宏）

聞書き 遊廓成駒屋　神崎宣武

名古屋中村遊廓跡で出くわした建物取壊し。そこから著者の遊廓をめぐる探訪が始まる。女たちの隠された歴史が問いかけるものとは。（井上理津子）

赤線跡を歩く　木村聡

戦後まもなく特殊飲食店街として形成された赤線地帯。その後十余年、都市空間を彩ったその宝石のような建築物と街並みの今を記録した写真集。

消えた赤線放浪記　木村聡

「赤線」の第一人者が全国各地に残る赤線・遊郭跡を訪ね、色町の「今」とそこに集まる女性たちを取材した貴重な記録。文庫版書き下ろし収録。

玉の井という街があった　前田豊

永井荷風「濹東綺譚」に描かれた私娼窟・玉の井。しかし、その実態は知られていない。同時代を過ごした著者による、貴重な記録である。（井上理津子）

吉原はこんな所でございました　福田利子

三歳で吉原・松葉屋の養女になった少女の半生を通して語られる、遊廓「吉原」の情緒と華やぎ、そして盛衰の記録。（阿木翁助　猿若清三郎）

生きさせろ！　雨宮処凛

若者の貧困問題を訴えた記念碑的ノンフィクション。湯浅誠、松本哉、入江公康、杉田俊介らに取材。JCJ賞受賞。最終章を加筆。（姜尚中）

釜ヶ崎から　生田武志

失業した中高年、二十代の若者、DVに脅かされる母子――。野宿者支援に携わってきた著者が、「究極の貧困」を問う圧倒的なルポルタージュ。

大正時代の身の上相談　カタログハウス編

他人の悩みはいつの世も蜜の味。大正時代の新聞紙上で129人が相談した、あきれた悩み、深刻な悩みが時代を映し出す。（小谷野敦）

無敵のハンディキャップ　北島行徳

同情の拍手などいらない！　リング上で自らをさらけ出し、世間のド肝を抜いた障害者プロレス団体「ドッグレッグス」、涙と笑いの快進撃。（齋藤陽道）

「社会を変える」を仕事にする　駒崎弘樹

元ITベンチャー経営者が東京の下町で始めた「病児保育サービス」が全国に拡大。「地域を変える」が「世の中を変える」につながった。

ドキュメント ブラック企業　今野晴貴・ブラック企業被害対策弁護団

違法労働で若者を使い潰す、ブラック企業。その「手口」は何か？　闘うための「武器」はあるのか？　さまざまなケースからその実態を暴く！

あぶく銭師たちよ！　佐野眞一

昭和末期、バブルに跳梁した怪しき人々。リクルートの江副浩正、地上げ屋の早坂太吉、〝大殺界〟の細木数子など6人の実像と錬金術に迫る！

素敵なダイナマイトスキャンダル　末井昭

実母のダイナマイト心中を体験した末井少年が、革命的野心を抱きながら上京、キャバレー勤務を経て伝説のエロ本創刊に到る仰天記。（花村萬月）

誘拐　本田靖春

戦後最大の誘拐事件。残された被害者家族の絶望、犯人を生んだ貧困、刑事達の執念を描くノンフィクションの金字塔！（佐野眞一）

ぐろぐろ　松沢呉一

不快とは、下品とは、タブーとは。非常識って何だ。公序良俗を叫び他人の自由を奪う偽善者どもに〝闘うエロライター〟が鉄槌を下す。

花の命はノー・フューチャー　ブレイディみかこ

移民、パンク、LGBT、貧困層。地べたから見た英国社会をスカッとした笑いとともに描く。200頁分の大幅増補！　帯文＝佐藤亜紀（栗原康）

パーソナリティ障害がわかる本　岡田尊司

性格は変えられる。「パーソナリティ障害」を「個性」に変えるために、本人や周囲の人がどう対応し、どう工夫したらよいかがわかる。（山登敬之）

哺育器の中の大人［精神分析講義］　伊丹十三／岸田秀

愛や生きがい、子育てや男（女）らしさなど具体的な問題について対話し、幻想・無意識・自我など精神分析の基本を分かりやすく解き明かす。（春日武彦）

戦闘美少女の精神分析　斎藤環

ナウシカ、セーラームーン、綾波レイ……「戦う美少女」たちは、日本文化の何を象徴するのか。「おたく」「萌え」の心理的特性に迫る。（東浩紀）

キャラクター精神分析　斎藤環

ゆるキャラ、初音ミク、いじられキャラetc.。現代日本に氾濫する数々のキャラたち。その諸相を横断し、究極の定義を与えた画期的論考。（岡﨑乾二郎）

承認をめぐる病　斎藤環

人に認められたい気持ちに過度にこだわると、さまざまな病理が露呈する。現代のカルチャーや事件から精神科医が「承認依存」を分析する。（土井隆義）

増補 オオカミ少女はいなかった　鈴木光太郎

サブリミナル効果は捏造だった？　虹が3色にしか見えない民族がいる？　否定されているのによみがえる、心理学の誤信や迷信を読み解く。

子は親を救うために「心の病」になる　高橋和巳

子は親が好きだからこそ「心の病」になり、親を救おうとしている。精神科医である著者が説く、親子という「生きづらさ」の原点とその解決法。

人は変われる　高橋和巳

人は大人になった後でこそ、自分を変えられる。多くの事例をあげ「運命を変えて、どう生きるか」を考察した名著、待望の文庫化。（中江有里）

消えたい　高橋和巳

自殺欲求を「消えたい」と表現する、親から虐待された人々。彼らの育ち方、その後の人生、苦しみを丁寧にたどり、人間の幸せの意味を考える。（橋本治）

心の底をのぞいたら　なだいなだ

つかまえどころのない自分の心。知りたくてたまらない他人の心。謎に満ちた心の中を探検し、無意識の世界へ誘う心の名著。（香山リカ）

こころの医者のフィールド・ノート　中沢正夫
こころの病に倒れた人と一緒に悲しみ、怒り、闘う医師がいる。病ではなく〝人〟のぬくもりをしみじみと描く感銘深い作品。（沢野ひとし）

自分を支える心の技法　名越康文
対人関係につきものの怒りに気づき、「我慢する」のでなく、それを消すことをどう続けていくか。人気精神科医からのアドバイス。長いあとがきを附す。

加害者は変われるか？　信田さよ子
家庭という密室で、DVや虐待は起きる。「普通の人」がなぜ？　加害者を正面から見つめ分析し、再発を防ぐ考察につなげた、初めての本。（牟田和恵）

愛の本　菅野仁・文　たなか鮎子・絵
他人との〈つながり〉はどう距離をとり、育んでいけばよいのか。名著『友だち幻想』へと続くテーマを著者が考え続け、優しくつづった幸福のデザイン。

反社会学講座　パオロ・マッツァリーノ
恣意的なデータを使用し、権威的な発想で人に説教する困った学問「社会学」の暴走をエンターテイメントな議論で撃つ！　真の啓蒙は笑いから。

続・反社会学講座　パオロ・マッツァリーノ
あの「反社会学」が不埒にパワーアップ。お約束と権威主義に凝り固まった学者たちを笑い飛ばし、庶民に愛と勇気を与えてくれる待望の続編。

誰も調べなかった日本文化史　パオロ・マッツァリーノ
土下座のカジュアル化、先生という敬称の由来、全国紙一面の広告。――イタリア人（自称）戯作者が、資料と統計で発見した知られざる日本の姿。

日本人のための怒りかた講座　パオロ・マッツァリーノ
身の回りの不愉快な出来事にはきちんと向き合い、改善を交渉せよ！　「知られざる近現代マナー史」を参照しながら具体的な「怒る技術」を伝授する。

増補　サブカルチャー神話解体　宮台真司／石原英樹／大塚明子
少女カルチャーや音楽、マンガ、AVなど各種メディアの歴史を辿り、若者の変化を浮き彫りにした前人未到のサブカル分析。（上野千鶴子）

よいこの君主論　架神恭介　辰巳一世
戦略論の古典的名著、マキャベリの『君主論』が、小学校のクラス制覇を題材に楽しく学べます。学校、職場、国家の覇権争いに最適のマニュアル。

マウンティング女子の世界　瀧波ユカリ　犬山紙子

「私の方が上ですけど?」ついついやってしまって結局後悔するマウンティング。愉悦と疲弊が交錯するこの営みを対談形式で徹底分析!　（小島慶子）

混浴と日本史　下川耿史

古くは常陸風土記にも記された混浴の様子。宗教や売春とのかかわりは?　太古から今につづく史上初の混浴文化史。図版多数。　（ヤマザキマリ）

春画のからくり　田中優子

春画では、女性の裸だけが描かれることはなく、男女の絡みが描かれる。男女が共に楽しんだであろう性表現に凝らされた趣向とは。図版多数。

江戸百夢　田中優子

世界の都市を含みこむ「るつぼ」江戸の百の図像(手拭いから彫刻まで)を縦横無尽に読み解く。平成12年度芸術選奨文部科学大臣賞、サントリー学芸賞受賞。

張形と江戸女　田中優子

江戸時代、張形は女たち自身が選び、楽しむものだった。江戸の大らかな性を春画から読み解く。図版追加。カラー口絵4頁。　（白倉敬彦）

わたしは驢馬に乗って下着をうりにゆきたい　鴨居羊子

新聞記者から下着デザイナーへ。斬新で夢のある下着を世に送り出し、下着ブームを巻き起こした女性起業家の悲喜こもごも。　（近代ナリコ）

昭和の洋食 平成のカフェ飯　阿古真理

小津安二郎『お茶漬の味』から漫画『きのう何食べた?』まで、家庭料理はどのように描かれてきたか。食と家族と社会の変化を読み解く。　（上野千鶴子）

ファッションフード、あります。　畑中三応子

ティラミス、もつ鍋、B級グルメ……激しくはやりすたりを繰り返す食べ物から日本社会の一断面を切り取った痛快な文化史。年表付。　（平松洋子）

学校って何だろう　苅谷剛彦

「なぜ勉強しなければいけないの?」「校則って必要なの?」等、これまでの常識を問いなおし、学ぶ意味を再び摑むための基本図書。　（小山内美江子）

たまもの　神藏美子

彼と離れると世界がなくなってしまうと思っていたのに、別の人に惹かれ二重生活を始めた「私」。写真と文章で語られる「センチメンタルな」記録。

独学のすすめ	加藤秀俊	教育の混迷と意欲の喪失には出口が見えないが、IT技術は「独学」の可能性を広げている。「やる気」という視点から教育の原点に迫る。（竹内洋）
発声と身体のレッスン	鴻上尚史	あなた自身の「こえ」と「からだ」を自覚し、魅力的に向上させるための必要最低限のレッスンの数々。続ければ驚くべき変化が！（安田登）
人生の教科書［よのなかのルール］	藤原和博 宮台真司	“バカを伝染（うつ）さない”ための「成熟社会へのパスポート」です。大人と子ども、お金と仕事、男と女と自殺のルールを考える。（重松清）
人生の教科書［人間関係］	藤原和博	人間関係で一番大切なことは、相手に「！」を感じてもらうことだ。そのための、すぐに使えるヒントが詰まった一冊。（茂木健一郎）
人生の教科書［情報編集力をつける国語］	藤原和博／重松清／橋本治	コミュニケーションツールとしての日本語力＝情報編集力をつけるのが国語。重松清の小説と橋本治の古典で実践教科書を完成。（平田オリザ）
14歳からの社会学	宮台真司	「社会を分析する専門家」である著者が、社会の「本当のこと」を伝え、いかに生きるべきか、に正面から答えた。重松清、大道珠貴との対談を新たに付す。
男は語る	阿川佐和子	ある時は心臓を高鳴らせ、ある時はうろたえながら、12人の魅力あふれる作家の核心にアガワが迫る。「聞く力」の原点となる、初めてのインタビュー集。
不良定年	嵐山光三郎	定年を迎えた者たちよ。まずは自分がすでに不良品であることを自覚し、不良精神を抱け。実践者・嵐山光三郎がぶんぶんうなる。（大村彦次郎）
生き地獄天国	雨宮処凛	プレカリアート問題のルポで脚光をあびる著者自伝。自殺未遂、愛国パンクバンド時代。イラク行。現在までの書き下ろしを追加。（鈴木邦男）
キッドのもと	浅草キッド	生い立ちから凄絶な修業時代、お笑い論、家族への思いまで。孤高の漫才コンビが仰天エピソード満載で送る笑いと涙のセルフ・ルポ。（宮藤官九郎）

泥酔懺悔
朝倉かすみ、中島たい子、瀧波ユカリ、平松洋子、室井滋、中野翠、西加奈子、山崎ナオコーラ、三浦しをん、大道珠貴、角田光代、藤野可織

泥酔せずともお酒を飲めば酔っ払う。お酒の席は飲める人には楽しく、下戸には不可解。お酒を介した様々な光景を女性の書き手が綴ったエッセイ集。

色川武大・阿佐田哲也ベスト・エッセイ
色川武大／阿佐田哲也 大庭萱朗編

二つの名前を持つ作家のベスト。文学論、落語からタモリまでの芸能論、ジャズ、作家たちとの交流も。阿佐田哲也名の博打論も収録。（木村紅美）

ホームシック
ECD＋植本一子

ラッパーのECDが、写真家・植本一子に出会い、家族になるまで。植本一子の出産前後の初エッセイも。二人の文庫版あとがきも収録。（窪美澄）

愛とまぐはひの古事記
大塚ひかり

最古の記録文学は現代人に癒しをもたらす。奔放なエロスと糞尿譚に満ちた破天荒な物語の不思議な清浄感。痛快古典エッセイ。（富野由悠季）

中央線で行く東京横断ホッピーマラソン
大竹聡

東京～高尾、高尾～仙川間各駅の店でホッピーを飲む！ 文庫化にあたり、仙川～新宿間を飲み書き下ろし、各店データを収録。（なぎら健壱）

酒呑まれ
大竹聡

酒に淫した男、『酒とつまみ』編集長・大竹聡が、酒とともに出会った忘れられない人々との思い出を自らの半生とともに語る。（石田千）

銀座の酒場を歩く
太田和彦

当代きっての居酒屋の達人がゆかりの街・銀座を呑み歩き。老舗のバーから蕎麦屋まで、銀座の酒場の粋と懐の深さに酔いしれた73軒。（村松友視）

好きになった人
梯久美子

栗林中将や島尾ミホの評伝で、大宅賞や芸術選奨を受賞したノンフィクション作家が、取材で各地を訪れ出会った人々について描く。（中島京子）

ねにもつタイプ
岸本佐知子

何となく気になることにこだわる、ねにもつ。思索、奇想、妄想はばたく脳内ワールドをリズミカルな名短文でつづる。第23回講談社エッセイ賞受賞。

なんらかの事情
岸本佐知子

エッセイ？ 妄想？ それとも短篇小説？ ……モヤッとするのに心地よい！ 翻訳家・岸本佐知子の頭の中を覗くような可笑しな世界へようこそ！

自然のレッスン　北山耕平
自分の生活の中に自然を蘇らせる、心と体と食べ物のレッスン。自分の生き方を見つめ直すための詩的な言葉たち。帯文＝服部みれい　（曽我部恵一）

地球のレッスン　北山耕平
地球とともに生きるためのハートと魂のレッスン。そして、食べ物について知っておくべきこと。絵＝長崎訓子。推薦＝二階堂和美　（広瀬裕子）

私の猫たち許してほしい　佐野洋子
少女時代を過ごした北京。リトグラフを学んだベルリン。猫との奇妙なふれあい。著者のおいたちと日常をオムニバス風につづる。　（高橋直子）

アカシア・からたち・麦畑　佐野洋子
ふり返ってみたいような、ふり返りたくないような小さかった時。甘美でつらかったあの頃が時のむこうで色鮮やかな細密画のように光っている。

私はそうは思わない　佐野洋子
佐野洋子は過激だ。ふつうの人が思うようには思わない。大胆で意表をついたまっすぐな発言をする。だから読後が気持ちいい。　（群ようこ）

神も仏もありませぬ　佐野洋子
還暦……もう人生おりたかった。でも春のきざしの蕗の薹に感動する自分がいる。意味なく生きても人は幸せなのだ。第3回小林秀雄賞受賞。（長嶋康郎）

食べちゃいたい　佐野洋子
じゃがいもはセクシー、ブロッコリーは色っぽい、玉ねぎはコケティッシュ……。なめて、かじって、のみこんで。野菜主演のエロチック・コント集。

問題があります　佐野洋子
中国で迎えた終戦の記憶から極貧の美大生時代、読まずにいられない本の話など。単行本未収録作品を追加した、愛と笑いのエッセイ集。　（長嶋有）

柴田元幸ベスト・エッセイ　柴田元幸編著
例文が異常に面白い辞書。名曲の斬新過ぎる解釈。そして工業地帯で育った日々の記憶。名翻訳家が自ら選んだ、文庫オリジナル決定版。

うつくしく、やさしく、おろかなり　杉浦日向子
生きることを楽しもうとしていた江戸人たち。彼らの紡ぎ出した文化にとことん惚れ込んだ著者がその思いの丈を綴った最後のラブレター。　（松田哲夫）

この話、続けてもいいですか。　西加奈子

ミッキーこと西加奈子の目を通すと世界はワクワク、ドキドキ輝く。いろんな人、出来事、体験がてんこ盛りの豪華エッセイ集！　（中島たい子）

決定版　天ぷらにソースをかけますか？　野瀬泰申

食の常識をくつがえす、衝撃の1冊。天ぷらにソースをかけないのは、納豆に砂糖を入れないのは——あなただけかもしれない。　（小宮山雄飛）

たましいの場所　早川義夫

「恋をしていいのだ。今を歌っていくのだ」。心を揺るがす本質的な言葉。文庫用に最終章を追加。帯文＝宮藤官九郎　オマージュエッセイ＝七尾旅人

ぼくは本屋のおやじさん　早川義夫

22年間の書店としての苦労と、お客さんとの交流。どこにもありそうで、ない書店。30年来のロングセラー！　（大槻ケンヂ）

生きがいは愛しあうことだけ　早川義夫

親友ともいえる音楽仲間との出会いと死別。恋愛。音楽活動。いま、生きることを考え続ける著者のエッセイ。帯文＝斉藤和義　（佐久間正英）

心が見えてくるまで　早川義夫

「〝語ってはいけないこと〟をテーマに書きたい」という著者渾身の書き下ろし。「この世で一番いやらしいこと」や音楽関係のこと。帯文＝吉本ばなな

あたらしい自分になる本　増補版　服部みれい

著者の代表作。心と体が生まれ変わる知恵の数々。文庫化にあたり新たな知恵を追加。冷えとり、アーユルヴェーダ、ホ・オポノポノetc.　（辛酸なめ子）

自由な自分になる本　増補版　服部みれい

呼吸法、食べもの、冷えとり、数秘術、前世療法などで、からだもこころも魂も自由になる。文庫化にあたり一章分書き下ろしを追加。　（川島小鳥）

すっぴんは事件か？　姫野カオルコ

女性用エロ本におけるオカズ職業は？　本当の小悪魔とはどんなオンナか？　世間にはびこる甘ったれた「常識」をほじくり鉄槌を下すエッセイ集。

痕跡本の世界　古沢和宏

古本には前の持ち主の書き込みや手紙、袋とじなど様々な痕跡が残されている。そこから想像がかきたてられる。新たな古本の愉しみ方。帯文＝岡崎武志

絶叫委員会　穂村弘
町には、偶然生まれては消えてゆく無数の詩が溢れている。不合理でナンセンスで真剣だからこそ可笑しい、天使的な言葉たちへの考察。（南伸坊）

アンビエント・ドライヴァー　細野晴臣
はっぴいえんど、YMO……日本のポップシーンで様々な花を咲かせ続ける著者の進化し続ける自己省察。帯文＝小山田圭吾　（テイ・トウワ）

世間を渡る読書術　パオロ・マッツァリーノ
謎のイタリア人パオロ氏が、ご近所一家の様々な疑問に答えて、テーマに沿ったおすすめ本を紹介。鮮やかなツッコミが冴える知的エンタメ読書ガイド！

USAカニバケツ　町山智浩
大人気コラムニストが贈る怒濤のコラム集！スポーツ、TV、映画、ゴシップ、犯罪……。知られざるアメリカのB面を暴き出す。（デーモン閣下）

底抜け合衆国　町山智浩
疑惑の大統領選、9・11、イラク戦争……2000－04年に発表されたコラムを集める。住んでみて初めてわかったアメリカの真実。（内田樹）

貧乏人の逆襲！　増補版　松本哉
安く生きるための衣食住&デモや騒ぎの実践的方法。「3人デモ」や「素人の乱」の反原発デモで話題の著者の代表作。書き下ろし増補。対談＝雨宮処凛

ねぼけ人生〈新装版〉　水木しげる
戦争で片腕を喪失、紙芝居・貸本漫画の時代と、波瀾万丈の人生を、楽天的に生きぬいてきた水木しげるの、面白くも哀しい半生記。（呉智英）

人生をいじくり回してはいけない　水木しげる
水木サンが見たこの世の地獄と天国。人生、自然の流れに身を委ね、のんびり暮らそうというエッセイ。推薦文＝外山滋比古、中川翔子。（大泉実成）

パンツの面目ふんどしの沽券　米原万里
キリストの下着はパンツか腰巻か？　幼い日にめばえた疑問を手がかりに、人類史上の謎に挑んだ、抱腹絶倒&禁断のエッセイ。（井上章一）

大和なでしこ整体読本　三枝誠
体が変われば、心も変わる。「野口整体」「養神館合気道」などをベースに多くの身体を観てきた著者が、簡単に行える効果抜群の健康法を解説。

ちくま文庫

他人《ひと》のセックスを見《み》ながら考《かんが》えた

二〇一九年二月十日　第一刷発行
二〇一九年三月十五日　第二刷発行

著　者　田房永子（たぶさ・えいこ）
発行者　喜入冬子
発行所　株式会社　筑摩書房
東京都台東区蔵前二―五―三　〒一一一―八七五五
電話番号　〇三―五六八七―二六〇一（代表）
装幀者　安野光雅
印刷所　中央精版印刷株式会社
製本所　中央精版印刷株式会社

ISBN978-4-480-43576-7　C0195